ビジュアル思考

大 THE COMPLETE BOOK OF VISUAL THINKING 全

問題解決の
アイデアが湧き出る
37の技法

三澤直加

SHOEISHA

線を引けば見えてくる

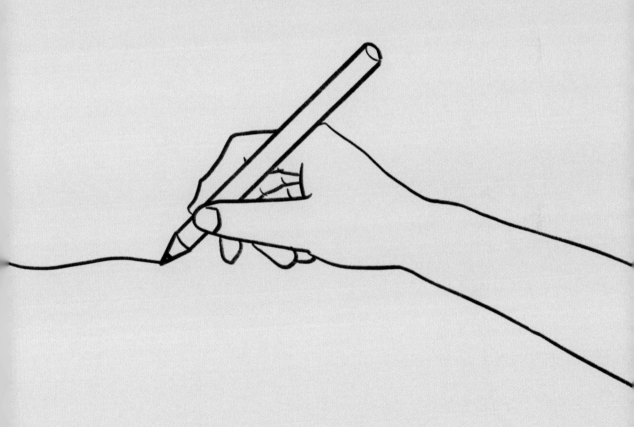

見立てれば動き出す

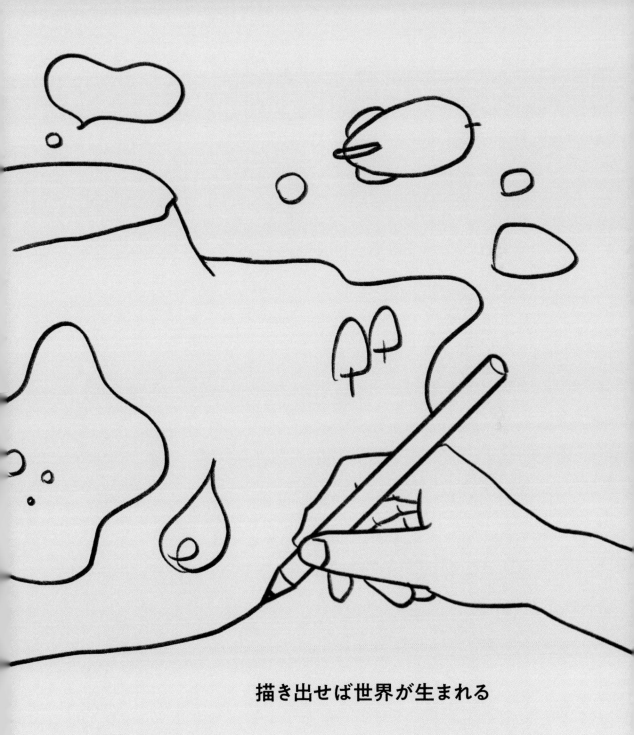

描き出せば世界が生まれる

ようこそ、ビジュアル思考の世界へ
WELCOME TO THE WORLD OF VISUAL THINKING

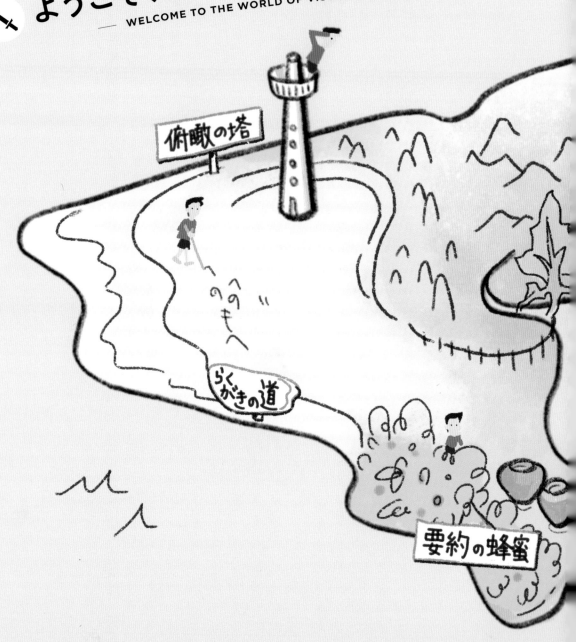

俯瞰の塔

らくがきの道

要約の蜂蜜

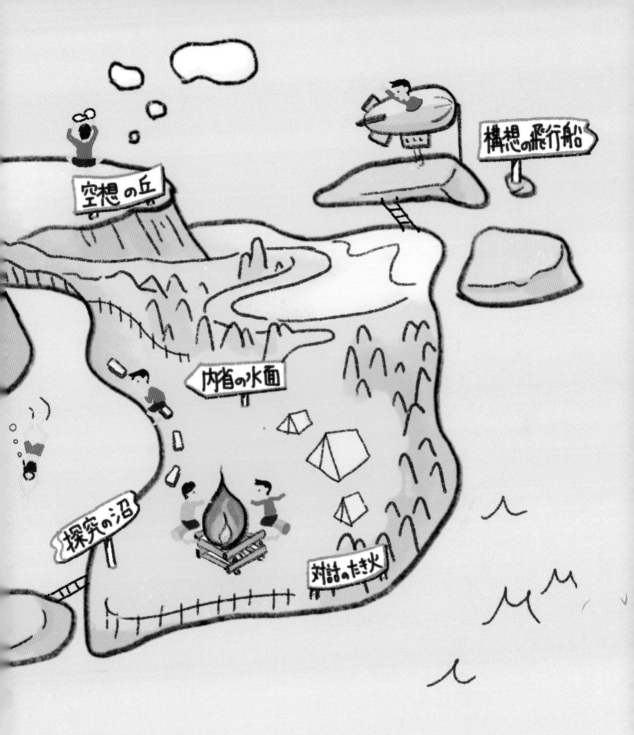

空想の丘

構想の飛行船

内省の水面

探究の沼

対話のたき火

ビジュアル思考大全

ビジュアル思考大全　目次

CHAPTER 4

対話のたき火 —— じっくり向き合えば心が通う

CHAPTER 5

内省の水面 —— 映し出せば自分に気づく

CHAPTER 8

構想の飛行船──ビジョンを描けばルートは拓ける

THE COMPLETE BOOK OF VISUAL THINKING

らくがきの道

線を引けば見えてくる

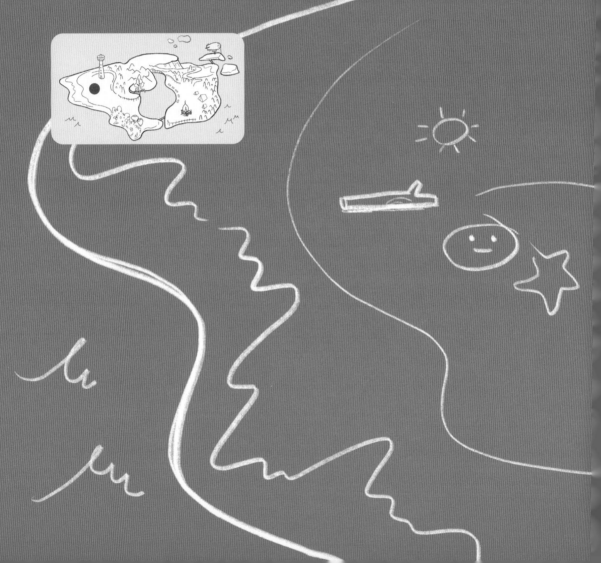

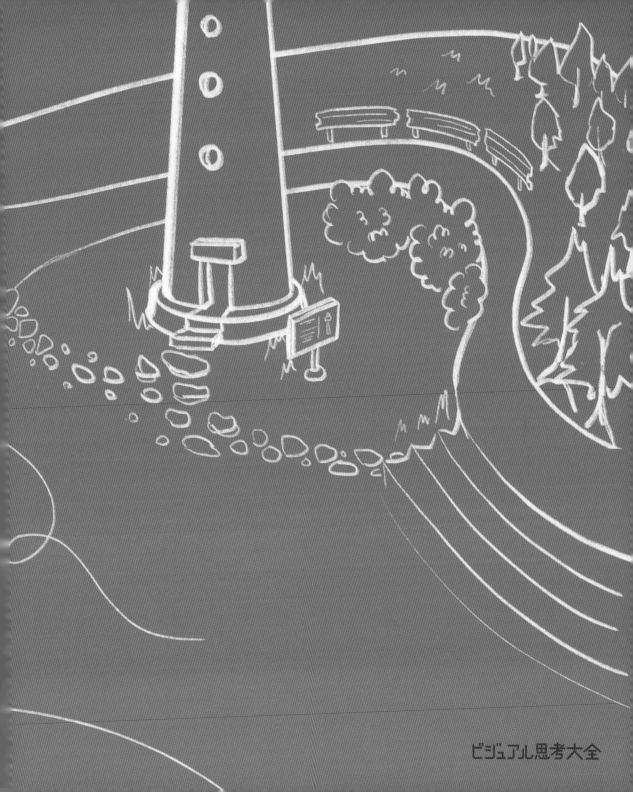

ビジュアル思考大全

らくがきとはどういうこと?

子どもの頃、道を使って遊んだ経験はありますか?
チョークで線を引いたり、水でアスファルトを濡らしたり、
土を盛ったり、枝を並べたりして、遊んだ記憶がある人もいると思います。

「何かを置いてみる」「線を引いてみる」といったシンプルな行為で、いま立っている
場所の景色が変わって見えることがあります。

このように手を動かすことが、ビジュアル思考のはじめの一歩です。

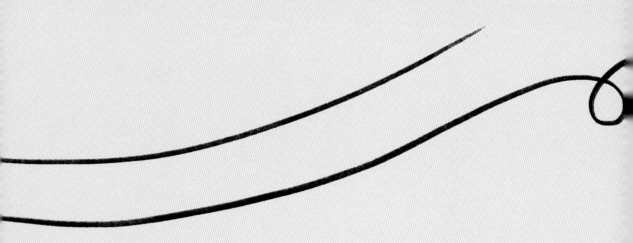

らくがきは、やみくもに行うと迷惑行為になってしまいますが、生活の中でうまく取り入れることができれば、思いもよらない効果が生まれます。

いろんな場所に自由な線を引いてみる。自由に色を塗ってみる。
アプリのスタンプで表現していたことを、ノートやメモ帳、ホワイトボードといったアナログの世界にも持ち込んでみる。
いままで文字しか書いていなかった場所に、ちょっとしたらくがきを添えていく。

らくがきすれば、いままでそこになかった世界が広がります。
まるで、新しい道が生まれていくように。

らくがき
してみよう！

豆人間

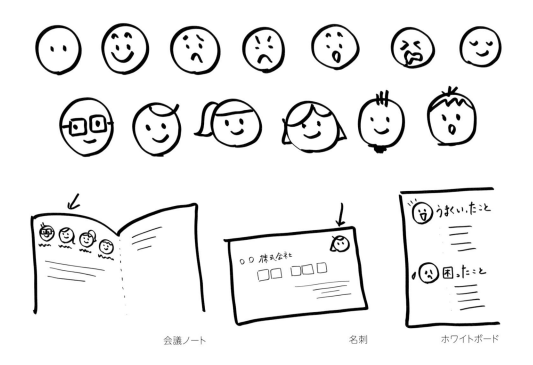

会議ノート　　　　　　名刺　　　ホワイトボード

豆人間は、初めて会った人の簡単な似顔絵を描いてその人のことを覚えやすくしたり、話し合いを円滑にできるらくがきの活用方法です。

丸の中に、目、口、眉毛を描いて表情を表したり、髪型を加えて個人の特徴をメモしたりします。会議ノートや名刺の片隅に豆人間を描くだけで、誰が参加していたのかがわかりやすくなります。会議やふりかえりのときには、ホワイトボードに「うまくいったこと」「困ったこと」に豆人間を添えて描くだけで、不思議と話しやすい雰囲気が生まれます。3秒くらいで描けるので、身近なメモに取り入れましょう。

METHOD アイコンでメモを効率化する

ちょこっとスタンプ

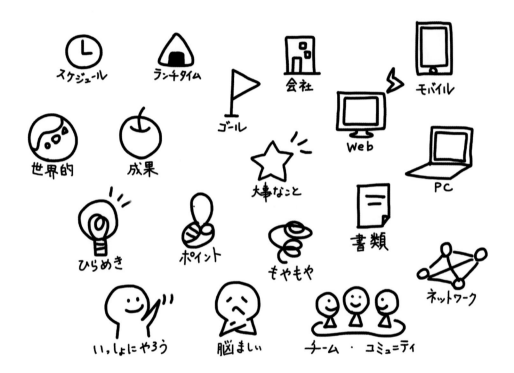

ちょこっとスタンプは、ちょこちょこっとアイコンを描くだけで、ノートや話し合い
を効率化できる方法です。丸、三角、四角などの基本的な図形を組み合わせて3秒く
らいで描くことができる簡単なアイコンを用います。

注目させたいことや、文字で書くと時間がかかってしまうものに使います。

ここに挙げた例を見ながらまねしてみたり、自分だけのちょこっとスタンプをつくっ
てみましょう。

空模様

| 好調！ | なんとかなってる | 心配なことがある | 不調 | ヤバイよ |

空模様は、仕事や活動の状況を天気の記号で表す方法です。好調なら晴れマーク、不調なら傘マークなど、天気予報で使われる表現を用いて、チームに自分の状況を共有します。ぱっと見て状況がわかるのでチーム内で助け合いやすくなります。

色模様

色模様は、自分の気持ちやいまの状況を色で表す方法です。直感的にピンとくる色を選び、なぜそれを選んだのかを後から言葉で説明していくことで、言葉だけでは表しきれないあいまいな状況をとらえることができます。

METHOD 言葉では表せない気持ちに形を与える

フィーリングパターン

フィーリングパターンは、自分の気持ちや感覚を抽象的な線や点で表す方法です。言葉では表せないような気持ちに形を与えることで、認識のきっかけを得られます。「チクチクする」「いがいがする」「どろどろする」「ふわふわする」「ずっしりする」など、気持ちを感じたままに形や模様で表現してみましょう。自分のことが少しずつ見えてきます。

らくがきするときのポイント

自由な線を思いのままに描く

パソコンやスマホを閉じて、真っ白な紙に好きなペンでいろんな線を描きます。長い線、短い線、波線、点線、ギザギザ線、ぐるぐる線。○に△に□に☆。ただただ、思いのままにいろんなものを描くところから始めましょう。

見立てる・組み合わせる

自由な線を描いていくうちに、顔に見えたり、雲に見えたり、家に見えたりと、何かの形に見えてくることがあります。そうしたらちょっとずつ書き足して、絵にしてみましょう。○△□を組み合わせるだけでも、いろんなものができてきます。ボールや木やビルなどいろんなものをつくってみましょう。

いろんな描き方や表現を試す

1本の線でも、細いものから太いもの、濃いもの、かすれているものまで、いろんな種類があります。ペンをおもいっきり傾けてみたり、力を入れて押してみたり、たたいてみたりして、自分のお気に入りの表現を探してみると、らくがきがもっと楽しくなります。

らくがきのしくみ

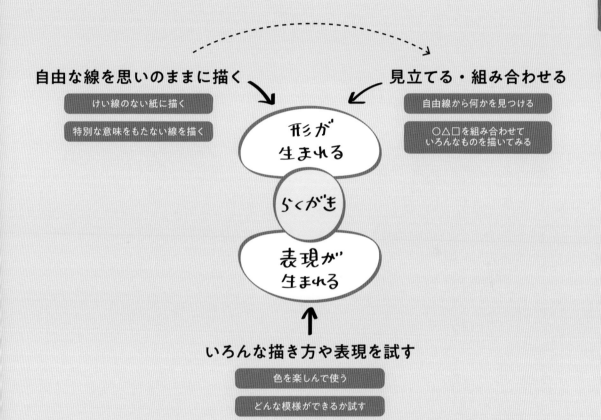

らくがきは、原始的ながらも創造的な行為です。「うまく描かねばならない」という思い込みから解放されることができれば、あらゆるものを生み出す思考法になります。自由な線を思いのままに描き、見立てたり組み合わせたりすることで、「形が生まれ」ます。いろんな描き方や表現を試していくうちに、「表現が生まれ」ます。

形や表現を生み出すことは、これまではなかったものを誕生させるクリエイティブなパワーとなります。

こんな気持ちでらくがきしてみよう！

考えず、思ったままに

何となく引いていた線、聞こえてきた言葉、目に入ったものを、ただ心のゆるすままに描いてみましょう。らくがきにうまい・下手はありません。「楽しい」「心地よい」「ワクワクする」感覚を追いかけて描きましょう。

描き心地や、描く音に注目する

ざらざらした紙とつるつるした紙、ふわふわしたペン先と硬いペン先。紙とペンの組合せよって、描き心地はさまざまです。描き方次第で、聞こえてくる音も異なります。シュッシュ！　タタタン！　トシシシシ！といった音を聞きながら、「描いている実感」を体全体で感じ取りましょう。

⚠ らくがきを邪魔する魔物

やめとけい
【Yame-tokei】

やめとけいは、らくがきしようとしている人に向かって、「大人なんだからやめとけ」「怒られるぞ」と、チクチク囁いてくる魔物です。
本当は、やめとけいも一緒に遊びたいと思っているのですが、「うまくできなくて笑われたらどうしよう」「ヘマをして怒られたらどうしよう」と考えすぎて、「やめとけ」と心にブレーキをかけているようです。
やめとけいが囁いたら、「大丈夫だよ。一緒にやろう」と誘ってみましょう。

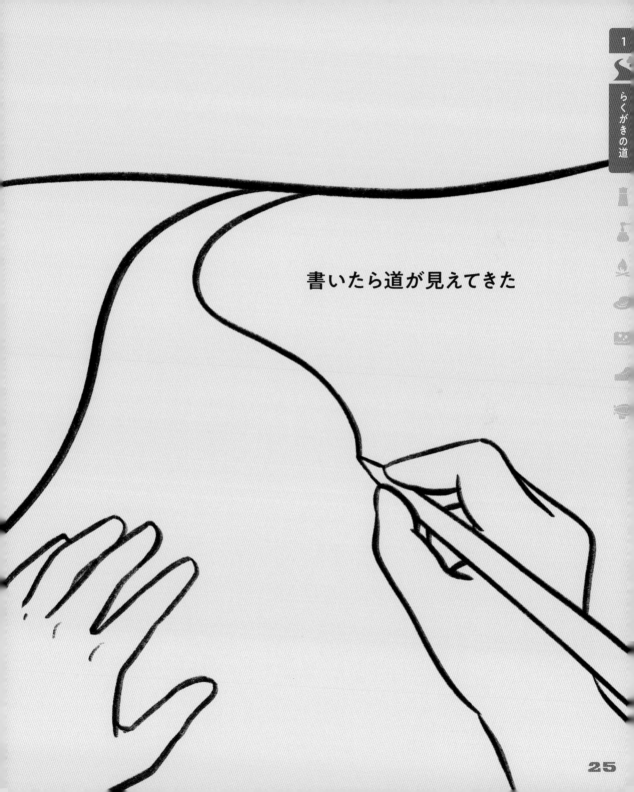

書いたら道が見えてきた

俯瞰の塔

高いところから見渡せば
景色は変わる

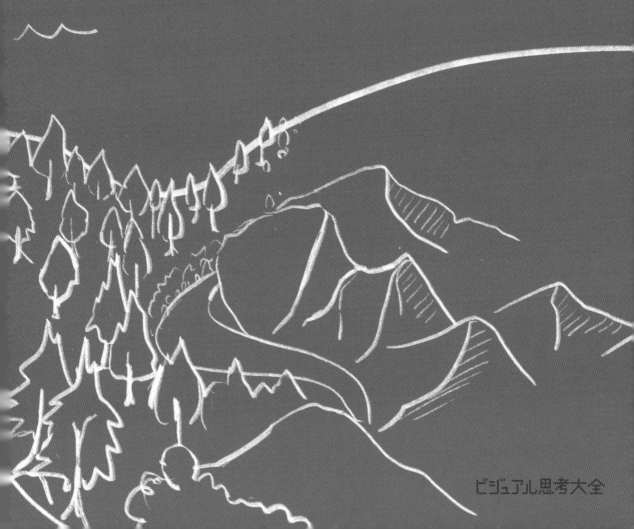

ビジュアル思考大全

俯瞰とはどういうこと？

会議に毎回参加はしているもののなかなか話が進展しないとき、これからどう進めていけばよいのか、不安になることはありませんか？
いわれたことに必死で取り組んでいるうちに、目的を見失っていた……なんてこともあるかもしれません。

プロジェクトの全体像や関係性をとらえられていない場合、こうしたことが起こりがちです。

こんなときこそ、俯瞰してみることをおすすめします。

俯瞰
してみれば"?

俯瞰とは、**広い視野でものごとの全体をとらえること**です。"木を見て森を見ず"という言葉があるように、1本1本の木ではなく、森全体、さらには森の先まで見渡していくような考え方です。

俯瞰できると小さなことにとらわれず、まるで高い塔の上から大地を見下ろして眺めるように、全体を意識できるようになります。

低い場所からでは見えていなかったものに気がついたり、自分が立っている場所がどこなのかを理解できるようになったりします。

高い所に登ったつもりで、俯瞰してみましょう。

どうすれば俯瞰できる?

俯瞰するためには、**情報をすべて見えるようにしていくアプローチ**が役立ちます。できるだけ多くの情報を異なる視点から集め、紙1枚にぎゅっとまとめます。たくさんの情報を一目で見えるようにすることで、全体像をとらえられるようになるのです。

最初からすべての情報が集まらないこともあるでしょう。でも、とらえる範囲をちょっとずつ広げていくことはできるはずです。高い塔に一段ずつ登っていくように、視点を高めて視野を広げていくことで、俯瞰するためのビジュアル思考が身につきます。

俯瞰するって
こんな感じか〜

俯瞰するための4つのアプローチ

置かれている状況を
大自然の要素でとらえる

(チームの状態を知りたいとき)　(組織のシナジーを知りたいとき)

(働き方を改善したいとき)

▶ ビッグツリー／P32

組織の状態を
人体の機能にたとえる

(組織の体制を見直したいとき)　(チームの課題を発見したいとき)

(組織内のコミュニケーションを改善したいとき)

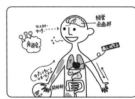

▶ 人体解剖図／P34

活動全体の
スタートとゴールを決める

(仕事の内容を人に伝えるとき)　(新しい活動を組織に導入するとき)

(協創の場での活動計画)

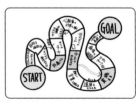

▶ 活動すごろく／P36

物事の全プロセスを
物語としてとらえる

(イベントの時間割を案内板するとき)

(プロジェクトの報告で見ている人の心をつかみたいとき)

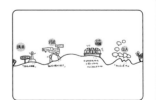

▶ 物語絵巻／P38

ビッグツリー

🕐 1~2時間程度

👤 1~20人程度

✏️ 大きな模造紙／太い色ペン／付箋

ℹ️ 壁に紙を貼り、立って描く

ビッグツリーは、組織やチームの活動環境を、木、土、雲などにたとえて描き出す方法です。さまざまな活動が、どのような背景（養分）をもとに、どのように成果（果実）を出しているか？ 外からはどのような影響を受けているか？ といった普段は意識しづらいことや気づきにくいことの関係性を見ることができます。

描き方の手順

❶ 考える対象を木で描く

紙の真ん中に大きな木を描きます。この木は、チームや組織など考えたい対象そのものと考えてください。幹、枝、葉だけではなく、土の中の根も描きます。

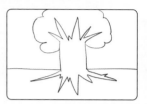

❷ 枝に活動を、 根に資産を書き込む

枝には、対象の主要活動を文字で書き込みます。時間をかけて行っている活動は大きな枝に、小さな活動は小さな枝に書きます。根には、自分たちの活動を支えている技術や知的資産などを書き込みます。

❸ 実として成果物を描き込む

枝に書いた活動に対して、どのような成果が出せているのかを果実や花として描いてきます。成果が大きいものは大きく、機が熟しているものは色を濃く描くなど違いを出してみてもよいでしょう。

❹ 大地に養分を、 空に外的環境を描く

活動と成果の全体図が描けたら、木の周囲に目を向けます。大地には根から吸っている養分（根付いている文化やポリシーなど）を、空には雲や太陽として社会的な動向（流行や世界情勢など）を描きます。

❺ 関係している要素を矢印で描き込み考察

全部の要素が描かれたら、いよいよ俯瞰です。全体を見渡して、どのような関係性になっているのかを矢印で描いていきます。それぞれの関係性に無理が生じているところはないか？　それぞれの要素がより循環するためにできることはないか？　といった視点で考察します。

コツ 「自分たちのこと」 と 「社会で起きていること」 の両面に注目しよう

人体解剖図

🕐 1〜2時間程度

👥 1〜10人程度

✏️ 大きな模造紙／太い色ペン／付箋

ℹ️ 壁に紙を貼り、立って描く

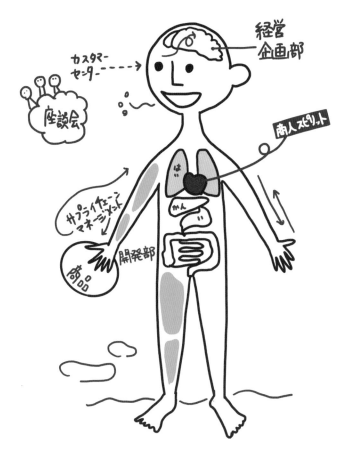

人体解剖図は、組織の状態を人間の体の機能にたとえて描く方法です。組織（体）の中の各部署（臓器や循環器）のいまの状態を描き出すことで、組織全体で起こっていることを把握できます。人体でいう脳や骨格、筋肉、心臓、血管に相当するものを特定し、それらの健全さを確認することで、組織全体の問題点をとらえられます。

描き方の手順

❶ 組織の状態を人体で描く

組織（会社やコミュニティなど）は、いまどのような状態ですか？元気に前進しているのか、立ち止まっているのか、困って下を向いているのかを、人の姿で想像して紙の真ん中に描きます。描き込みすぎず、輪郭をつくるつもりで大丈夫です。

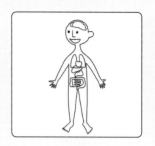

❷ どこで誰が何をしているのか、機能と役割を書く

人体の主要器官に対して、組織の部署を対応づけます。組織にとっての脳、心臓、目、口、筋肉、血管はどの部署なのか、誰が担っているのかを各器官に書き出します。たとえば、脳は企画部、筋肉は開発部などしっくりくる組合せを探してみましょう。全部を書こうとせず組織の構造が見えてきたら次に進みます。

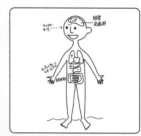

❸ 仕事の流れに沿って活動を書き込む

組織は何を食べ（インプット）、排出（アウトプット）しているのでしょうか？　何を起案し実行しているのでしょうか？　口から内臓をとおり排出物となる流れや、脳で考えて手足が動く流れとして活動を書き出します。具体的なプロジェクトを例にして体の中で何が起こっているのかを考えると、より具体的に見えてきます。

❹ 体が不調になる場面を想定する

通常業務だけでなく、トラブルが起きたときも考えてみましょう。栄養失調になったら？　疲れが溜まって動けなくなったら？　体の不調を組織の不調にたとえて、実際にどんなことが起こりそうか、どう対処できそうかを考えます。

❺ 改善が必要な場所を考察する

全体を見渡し、組織の課題を考えていきます。連携できず孤立している器官（部署や人）はいないか？　脳と器官との連携はとれているか？　情報が不足して、栄養失調ぎみになっていないか？　といった視点で考察します。

 コツ　**全体のバランスを見て滞りや偏りを探ろう**

活動すごろく

- 🕐 1～3時間程度
- 👤 1～10人程度
- ✍ 1枚の白紙／カラーペン／付箋
- ℹ 1人1枚 or チームで1枚
- 📁 テンプレート有

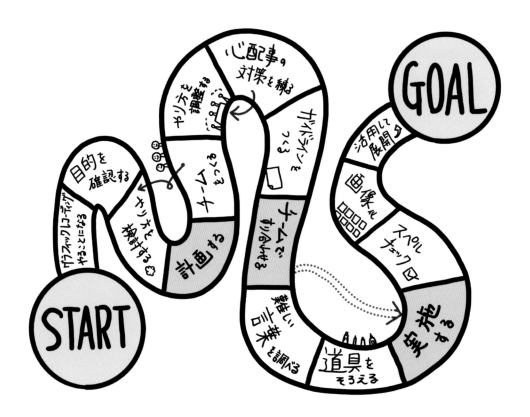

活動すごろくは、仕事・活動内容をすごろくに見立ててその全体像を描く方法です。やること一つひとつをすごろくの1コマ1コマに見立て、スタートからゴールまで順番に配置します。初めて取り組む仕事で何をしてよいのかわからないときなど、ゴールまでの道筋の全体像をとらえることができます。全体像が見えることで、仕事や活動の質を左右するポイントやタイミングについても認識できるようになります。

描き方の手順

❶ スタートとゴールを描く

左下にスタート、右上にゴール地点を描きます。スタートとゴールがどのような状態なのかが具体的に決まっている場合には、その内容も書き添えます。

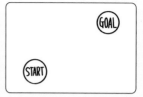

❷ うねうね道を描く

スタートとゴールをうねらせた2本の線でつなぎます。線の幅が同じになるようにして線を引きます。

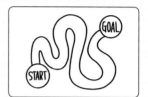

❸ 活動のチェックポイントを書き入れる

スタートからゴールの間でチェックポイントとなる場所を決めます。「上司チェック」「配送日」「告知日」など、3〜6つ程度を選び、大事なコマとして書き入れます。

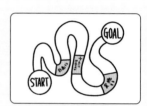

❹ 活動一つひとつを書き入れる

チェックポイントの間を埋めるように活動を書き入れます。活動全体の数が見えないときは、一度付箋にすべての活動を書き出して、当たりをつけてから書き入れるとよいでしょう。コマの大きさは、そろっていなくても構いません。

❺ 戻り先やスキップ先を描き入れる

チェックポイントから次に進めなくなった場合、どのコマまで戻る必要があるのかがわかるように矢印を描き入れましょう。スキップできる活動がある場合は、スキップの通り道も描きます。

 コツ　**正確性よりも、見る人が楽しめるものを目指そう**

物語絵巻

- ⏱ 2時間程度
- 👤 1～10人程度
- ✏️ 長いロール紙／太い色ペン／付箋
- ℹ️ 壁に紙を貼り、立って描く

講演

対談

START

3:00

「SDGsの取組」 3:15

「私たちに何ができる？」 4:00

描き方の手順

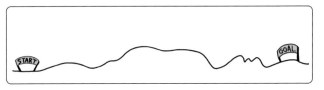

❶ 地平線を引き、スタートとゴールを描く

長い紙を用意し、物語の舞台となる地平線を描きます。まっすぐな線ではなく、少しゆらいだ線の方が絵がなじむので、定規は使わずにフリーハンドで引きましょう。そして、左端にスタート地点、右端にゴール地点を描きます。それぞれに該当する活動を決め、象徴的なモニュメントを描きます。たとえば、マラソンのスタートゲートのようなものや、大きな旗などがわかりやすいです。

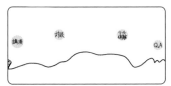

❷ 主要な活動を配置する

体験を構成している主要な活動（3～7つ程度）を選び出し、地平線の上に位置取ります。重要な活動を描く場所は広く使うなど、配置を工夫します。

物語絵巻は、体験の流れを物語のように時間軸に沿って描く方法です。体験の始まりをスタート、終わりをゴールとして、体験している人をポイントごとに表現します。左から右に体験を順番に見せることができるので、物語が展開されていくように演出できます。見る人の心をつかみたいとき、共感してもらいたいときに効果的です。

 コツ 背景や設定をつくりこんで世界観に引き込む

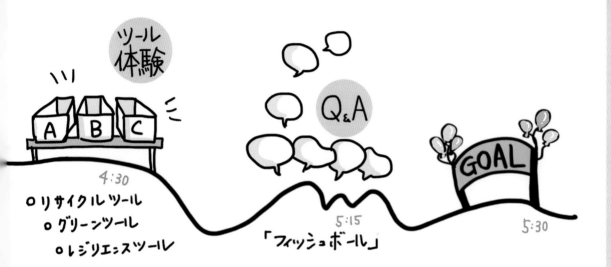

❸ 主要活動ごとに人物と舞台を描く

それぞれの主要活動に対して、建物や舞台と一緒に、そこで活動する人を描きます。活動ごとに特徴を出した表現にしていくと、見る人が楽しめます。

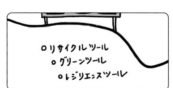

❹ 主要活動を文字で補足する

それぞれの主要活動に対して、具体的な活動内容やテーマを文字で書き入れます。読みやすいように短い文章にしたり、箇条書きで表現しましょう。

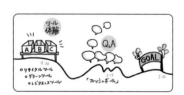

❺ 背景や装飾を描き世界観を表現する

絵巻からちょっと離れて全体を見渡しながら、各活動を表現する詳細な情報や装飾を加えていきます。実施時間なども書き入れていくと、さらに内容がわかりやすくなります。

俯瞰するときのポイント

すべてを1枚にまとめる

すべての情報を1枚の紙にまとめることで、全貌をとらえることができます。俯瞰するために、最初から1枚に収めて描くと決めて臨みましょう。制約があることで全体像を意識できるようになります。

境界を描く

俯瞰するためには「どこからどこまでをとらえるのか?」という境界を意識することが重要です。たとえば、「スタートからゴールまで」「社内で起こっていることだけ」といった要領です。加えて、境界のちょっとだけ外側も意識して描き込みましょう。境界が担う役割も見えてきます。

情報をまとめて抽象的に表す

たくさんの情報を一度に並べていくと、情報同士の関係性やまとまりが見えてくることがあります。そのときこそ、高い視点から全体をとらえるチャンスです。複数の情報を1つにまとめられるような少しだけ抽象的な言葉や絵を用いて表現しましょう。

俯瞰のしくみ

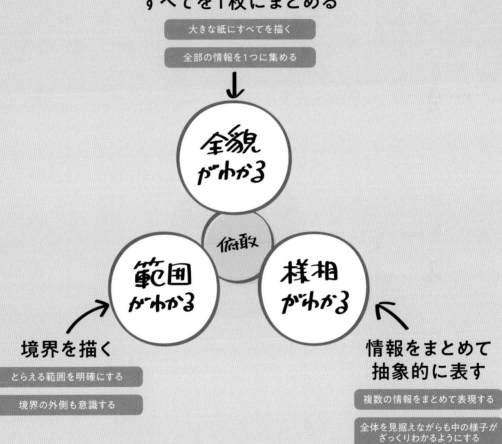

すべてを1枚にまとめる

大きな紙にすべてを描く

全部の情報を1つに集める

全貌がわかる

俯瞰

範囲がわかる

様相がわかる

境界を描く

とらえる範囲を明確にする

境界の外側も意識する

情報をまとめて抽象的に表す

複数の情報をまとめて表現する

全体を見据えながらも中の様子がざっくりわかるようにする

「全貌がわかる」「範囲がわかる」「様相がわかる」という３つの「わかる」を同時に成立させていくことで、俯瞰できるようになります。特定の範囲の中で全貌をとらえ、そこで起こっていることを様相としてざっくりとらえるイメージです。

広い視野でものごとの全体をとらえるためには、ものごとをまとまりとしてとらえ、抽象的に表現していくことが必要になってきます。

こんな気持ちで俯瞰してみよう！

1点集中せずに遠くを見渡す

俯瞰を妨げる要因の1つは、自分の見える範囲だけで考えてしまうことです。「自分以外の人はどう思っているのか？」「会社全体ではどう見える？」「日本全体では？」「世界では？」と、より大きな規模で遠くを見渡す意識をもちましょう。

大地のようにすべてを受け止める

俯瞰を妨げる別の要因として、集める情報を選り好みしてしまうことが挙げられます。どのような情報であっても自分の価値観に合わないからという理由で遮断せずに、一旦は受け止めてみる広い心で臨みましょう。

⚠ 俯瞰を邪魔する魔物

しっ鷹
【Shittaka】

しっ鷹は、空からの景色を見たい（俯瞰して全体像を見たい）と思っている人に、「世の中はこんな風になっているよ！」と知ったかぶって話してくる魔物です。
俯瞰するのが面倒なとき、苦手なとき、ついついしっ鷹のいうことを鵜呑みにしてしまいそうになりますが、気をつけて！
空からの景色は、自分の足で登り、自分の目で見るからこそ、その価値がわかります。面倒でも一歩ずつ登っていきましょう。

「可視化」と「視覚化」、何が違う?

可視化と視覚化の違い

目に見えないものを見えるようにすることを「可視化」や「視覚化」といいます。この２つの違いは何でしょうか。

可視化とは、物理的に見えていなかったものを見えるようにすることです。たとえば、人体の温度分布をサーモグラフィーで見えるようにすることや、会話を文字にして見えるようにするときに「可視化する」といいます。

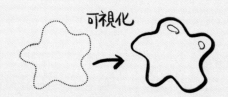

視覚化とは、考えていることや思い描いていることを他の人にもわかるように、視覚的にとらえられるようにすることです。たとえば、計画をわかりやすい図にして説明するときや、未来の社会像を絵で表現するときに「視覚化する」といいます。

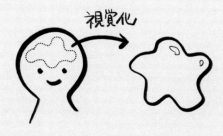

可視化は見えるようにすること、視覚化は頭の中で考えていることを見えるように表現すること、と思ってください。

可視化 & 視覚化メソッドの５つの代表例

可視化および視覚化の手法は、世の中にたくさんあります。ここでは仕事で使える代表的なものを５つ紹介します。

「グラフィックレコーディング」は、話されたことや起こったことについて、

即座に手描きでグラフィカルな記録を行う方法です。描き手が情報を解釈しわかりやすく視覚化することで、知識をつくり共有することができます。「ビジュアルファシリテーション」は、対話や議論の中で絵や図や色を効果的に用いて板書を行う方法です。参加しやすい場

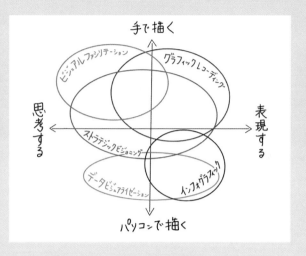

をつくりながら、発想を刺激していきます。

「ストラテジックビジョニング」は、考えたいことをワークシートなどで用意し、会議の中で戦略的に知識を生み出していく方法です。ワークショップ形式でのディスカッションで用いられています。

「インフォグラフィック」は、データや情報や知識を視覚的にわかりやすく視覚化する方法です。地図や解説図などでよく見かけます。複雑なものや概念的なものを、シンボルやピクトグラム、グラフやチャートなどの表現を活用して表します。

「データビジュアライゼーション」は、主に数字などのデータの中身を視覚的にとらえる方法です。人間の考え方の癖や認知パターンに配慮して、膨大なデータをさまざまなグラフで表現し、判断する材料に変えていきます。

本書では、これらの中から手描きで思考を促進していく方法を中心に扱っています。

CHAPTER 3
THE SUMMARY HONEY

要約の蜂蜜

選んで集めれば心に入る

ビジュアル思考大全

要約とはどういうこと?

講演会やセミナーでメモをとるとき、会議や打合せで議事録をとるとき、すべての情報を書こうとすると疲れてしまいますよね。役に立つこと、大事なことだけを書きとれたらよいと思いませんか?

プレゼンやウェブサイト、SNS で情報発信する際も一目でポイントがわかれば、もっと多くの人に伝わるかもしれません。

そんなときこそ、要約の出番です。

要約とは、**要点をとらえてまとめること**です。膨大な情報の中から大事なことを取捨選択し、簡潔に表現します。

うまく要約できると、まるで自然界の恵みがぎゅっと濃縮された蜂蜜のように、栄養万点で摂取しやすい情報をつくることができます。
じっくりと時間をかけて情報を編集していく方法もありますが、ビジュアル思考では**情報の取捨選択と要点の表現を同時に行う**ことができます。

蜜蜂になったつもりで、要約にチャレンジしてみましょう。

どうすれば要約できる?

要約するときの最大のポイントは、情報の取捨選択です。その場、そのときの目的をしっかりと把握したうえで、**自分が大事だと感じたことを主観的に選び取り**ます。すべての情報を書き出そうとせず、話のまとまりに対して心に響いた言葉を1つずつ書き取っていくことから始めてみましょう。継続することで、膨大な情報を簡潔に表現する要約のビジュアル思考が身についていきます。

ここでは、内容を正確に要約することよりも、要約することで頭の中を整理することを重視して解説します。蜂の種類によって蜂蜜の味が違うように、人によって要約した内容が異なることを楽しむ姿勢で臨んでください。

要約するってこういうことか

要約するための5つのアプローチ

もっとも強い主張を
1つだけつかみとる

`講演会の聴き取りノート` `顧客のインタビュー調査レポート`

▶ スピーチサマリー／P52

5W1Hを想像して
1つの場面を切り取る

`組織の目指すビジョンの可視化` `国語や社会科の読解力トレーニング`
`想像力を養う人材育成`

▶ シーンキャプチャ／P54

話のまとまりごとに囲んで
横に並べる

`トークセッション（対談）の記録` `オンライン会議での議論の記録`

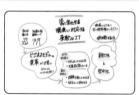

▶ お皿グラレコ／P56

選び取る数を決めて
ポイントを拾う

`読書が終わったとき` `思い出を語り合う送迎会`
`節目での成果のふりかえり`

▶ ポイントキューブ／P58

活動をふりかえり
一言でまとめる

`オンライン勉強会のふりかえり` `リモートワークでのふりかえり`
`仕事を引き継ぐ際の申し送りに添えて`

▶ まとめボード／P60

スピーチサマリー

- ⏱ 5分〜2時間程度
- 👤 1〜2人
- ✏️ 1枚の白紙／カラーペン
- ℹ️ 1人で集中し、落ち着いて描く
- 📁 テンプレート有

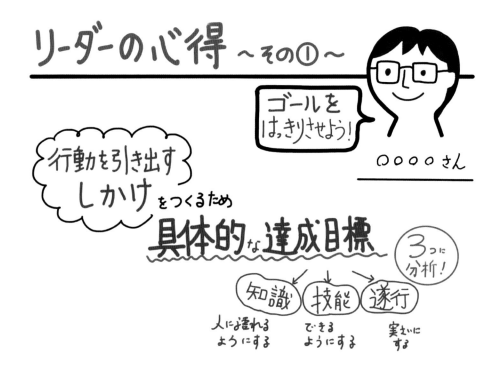

スピーチサマリーは、講演やプレゼンテーションの内容を似顔絵とふきだしを使い、要点を描き出す方法です。話し手が伝えようとしているもっとも強い主張を読み取り、セリフ調で表現することで、話全体のメッセージを感情表現豊かに記録し、共有することができます。余白部分は、気になった内容を端的にメモして使います。

描き方の手順

❶ タイトル、 似顔絵、 ふきだしの位置を決める

タイトル、似顔絵、ふきだしは、スピーチサマリーの基本構成要素です。これらが目立つ配置をあらかじめ決めておきます。テンプレートにはすでに配置されているので、使うと便利です。

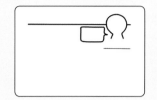

❷ タイトルを目立つように書く

講演やプレゼンテーションのタイトル、またはスピーチの概要を左上に書き入れます。これがもっとも重要な情報です。大きく書いたり、四角で囲んだり色をつけたりして、目立つように表現しましょう。

❸ 話し手の似顔絵と名前を書く

話し手の似顔絵を右上に描きます。どんな人だったのかを後から思い出しやすくするために描くものなので、特徴的なアイテムが1つあれば大丈夫です。メガネ、ネクタイ、ショートヘアーなど特徴を見つけて描きます。似顔絵の下に所属と名前を書くことも忘れずに。

❹ 聴きながら大事だと思ったことをメモする

話を聴きながら、余白に要点をメモします。話のスピードについていくことを第一に考えて、文章ではなく単語で書いていきましょう。箇条書きにしたり、矢印を使うことでメモがよりスピーディーになります。

❺ 一番印象に残っているメッセージをふきだしに

話が終わったら、話し手がもっとも伝えたかったことを考え、ふきだしの中にセリフ調で書き入れます。話し手の言葉でもっとも印象に残っている一言や、全体を通してのメッセージなど、どんなことでも構いません。感情が残っているうちに、できれば話が終わったあと10分以内に書くようにしましょう。

 コツ　　　　　話し手が熱く語っていることに注目する

シーンキャプチャ

⏱ 15分～1時間程度
👤 1人
✏ 1枚の白紙／色ペン
ℹ 1人で集中し、落ち着いて描く
📁 テンプレート有

誰が
子どもたちが

何をした
ミュージカルを演じた

どのように
自分達で演出して

いつ
秋の芸術祭

どこで
体育館で

なぜ
どこまでできるか挑戦したかったから

絵にしてみたら、衣装や舞台など、いろいろつくるものがあるんだなーと思った。小学生のみんな、すごいな!!

シーンキャプチャは、世界情勢や未来の状況を具体的な1つの場面として切り出し描く方法です。5W1H（いつ、どこで、誰が、何を、なぜ、どのように行ったのか）を文章で考えてから、1枚の絵を描きます。具体的な登場人物や行動を目に見える形で描くことで、あいまいにとらえていたことを明確にしていくことができます。ニュース記事の読解力トレーニングにも活用できます。

描き方の手順

❶ 読み解く対象を定める

要約したいと思っている対象を1つ決め、その内容を読み込みます。ニュース記事や文章ばかりの企画書などが適しています。

❷ 内容を読み解き、5W1H を描き出す

文章を読み解きながら、そこに書かれている内容が起こっている（起こりうる）場面を想像していきます。紙の左側に、「誰が」「何をした」「どのように」「いつ」「どこで」「なぜ」を文章で書き入れます。人によって想像する場面は異なるので、正解を探そうとせずに、「たとえば、こんな感じかな？」と推測しながら書いていきましょう。

❸ 「誰」「何」「どのように」の部分を絵で描く

右側に1つの絵を描いていきます。まずは、「誰が」「何をした」「どのように」の部分を描きます。絵の中心となる登場人物が何かをしている場面になります。描く位置は、例を参考にしてみてください。

❹ 「いつ」「どこで」の部分を絵で描く

次に「いつ」「どこで」の部分を描きます。絵の背景となる部分です。絵で表現しにくいものは、短い記号やキーワードで書いても構いません。

❺ 「なぜ」の部分をセリフとして書く

最後に「なぜ」の部分を文字で書き入れます。登場人物が話しているように、セリフ調で書きましょう。「なぜ」の部分は、ニュース記事や企画書などでは触れられていないこともあるので、推測になってしまっても構いません。

❻ 絵を見ながら自分の意見を考える

1枚の絵ができあがりました。文章で読んでいたときとは違った世界が見えているはずです。改めて絵を見て、気づいたことを誰かに話したり、文章に書き留めたりしましょう。

 コツ

写真を撮影するつもりで具体的に想像する

お皿グラレコ

🕐 15分～1時間程度

👤 1人

✏️ 1枚の白紙／ペン3色

ℹ️ 1人で集中し、落ち着いて描く

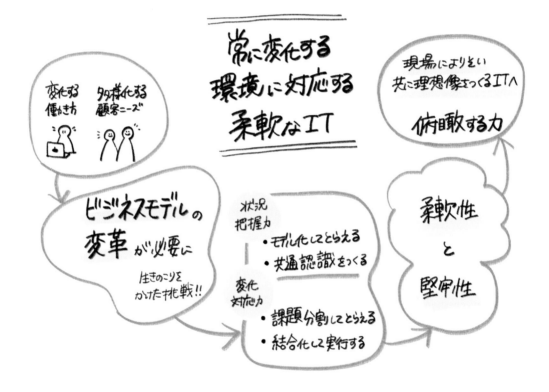

お皿グラレコは、議論やトークセッションの内容を聴きながらまとめていく方法です。話の意味の切れ目をひとまとまりとして丸く囲んでいきます。お皿に情報をのせて並べてくような感覚です。描く場所や配置をあらかじめ気にしなくても、それなりにまとまった記録として整理することができます。

描き方の手順

❶ 中央上部にタイトルを書く

中央上部に大きくタイトルを書きます。紙全体で一番目立つように表現することが、うまくバランスをとるコツです。文字に色をつけたり、絵を入れて目立たせましょう。

❷ 左から順番に要点のみを描き出す

話が始まったら要点のみを聴き取り、キーワードと特徴的な絵で記録します。左端から描いていきます。

❸ 段落ごとに丸で囲む

話の意味が区切れるタイミングで、そこまで描いた内容を丸で囲みます。次の話はその右側に描いていきます。段落ごとに丸いまとまりをつくっていくイメージです。

❹ 右へ順番に段落のまとまりを足していく

話の流れが左から右に移っていくように段落のまとまりを描いていきましょう。タイトルの書いてある部分を避けると、ちょうど半円形に情報が並びます。右端でちょうど話が終わるようにできるとよいですが、紙が足りなくなったら右側に継ぎ足してまた同じように描いていきます。

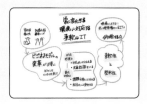

❺ お皿の部分と大事な点に色をつける

話が終わったら、全体の流れがわかるように囲んでいる丸印（お皿の部分）を目立つ色で縁どります。別の色で大事な部分にも色をつけておくと、よりわかりやすい要約ができます。

（コツ）　　**話の流れが見えるように意識する**

ポイントキューブ

⏱ 5～15分程度

👤 1人

✏ 厚紙／カラーペン／はさみ／テープ

ℹ わざわざ時間をとってやる

📁 テンプレート有

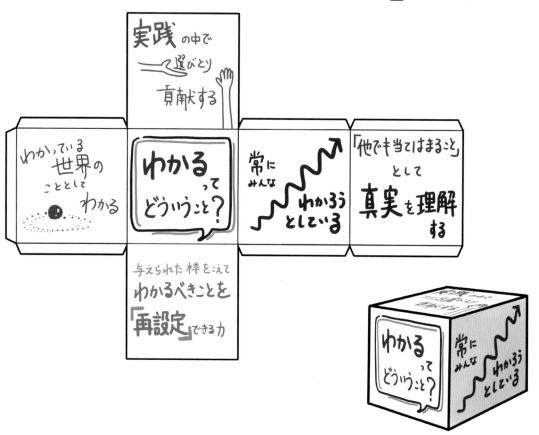

ポイントキューブは、テーマとそれについての自分の感想をサイコロにまとめる方法です。サイコロの展開図の1マスにテーマを書き、それに対して自分が大事だと思ったことを残りの5マスに書き込みます。あらかじめ5つと決めておくことで、大事なものだけを選び取ることができます。書き終わって組み立てると、大事なことが自分にヒントをくれるサイコロに早変わりです。

描き方の手順

① サイコロの展開図を描く

サイコロの展開図を用意します。厚めの紙を使うのがおすすめです。

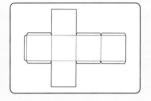

② 1マスにテーマを書く

6マスのうちの1マスに、これから考えるテーマを書きます。色を使ったり模様をつけるなど、目立つように書いてみましょう。

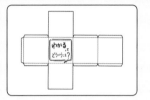

③ 残りの5マスにポイントを書く

残りの5マスに、テーマに対して自分が感じたことを簡潔に書きます。キーワードや小さなポンチ絵で描くとわかりやすくなります。

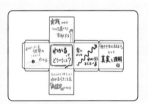

④ サイコロにする

立方体に組み立てて、テープで貼り合わせます。

⑤ サイコロをふり、 ヒントをつかむ

サイコロをふり、出た面が自分への助言だと思って受け止めてみましょう。迷ったときに何かヒントをつかむきっかけになるかもしれません。

 コツ **自分だけの大事な5つを選び出す**

まとめボード

🕐 3〜20分程度

👥 1〜40人程度

✏️ 1枚の紙／色ペン

ℹ️ 1人ずつじっくり考え、自由に描く

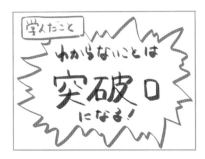

まとめボードは、活動の体験を節目ごとにふりかえり、一言で要約する方法です。「どんな体験だったのか」「何を学んだのか」「何を得たのか」といったことを表現する一言を探し出し、1枚の紙に大きくカラフルに書き出します。1人ずつ1枚にまとめたものを全員で共有することで、参加者の総意を言葉の集合体として要約することができます。集会やワークショップの参加者それぞれの体験をまとめることができます。オンラインでも効果的です。

描き方の手順

❶ 体験をふりかえる

活動の中で一人ひとりがやってきたこと、考えたこと、学びとったことなど、自分の体験をふりかえります。静かに考える時間をとりましょう。

❷ 印象に残ったことを一言で表現する

自分にとって一番印象に残ったことを一言で表します。たとえば、「この時間で学んだのは、○○です」「今日一番印象に残ったのは、○○の瞬間です」と表現し、紙の中央に大きく書き出します。

❸ 額縁のように装飾する

文字のまわりを額縁のように色や模様で飾ります。そのときの気持ちにあわせて色や模様をつけると、よりまとまりが生まれます。

❹ ボードを掲げて共有する

参加している人それぞれが、書いたボードを胸に掲げて、順番に読み上げていきます。

❺ 大切に保存する

紙をファイルに挟んだり、写真に撮ったり、オンラインならスクリーンショットに撮ったりして、ボードの内容を保管します。その後の活動の節目に見返すことで、自分たちにとって気づきを与えてくれるかもしれません。

 コツ **個人的な意見ほどチームにとって参考になる**

要約するときのポイント

その状況における要点を拾う

その場の目的に対して、大事だと感じたものを拾い上げます。全神経を研ぎ澄まして聴き取り「これだ！」と思ったものを描き出しましょう。拾い上げる数を決めてから行うことも効果的です。

要点を強調して表現する

拾い上げた要点を一目でわかるように強調して表現します。大きく描いたり、線を太くしたり、目立つ色で印をつけたりしていきましょう。
ポイントが一目でわかる、グラフィカルな記録がつくれます。

全要点を1枚の絵にまとめる

すべての要点を1枚の絵にまとめることで、要約した情報をわかりやすく表現できます。全体像を表す枠組みを用いて要点をまとめたり、1つの特徴的な状況や状態を絵にすることも効果的です。

要約のしくみ

その状況における要点を拾う

> その場の目的や状況に対して
> 重要なポイントを文字で拾う

> 数や領域を制限して
> 重要な順に拾う

要点を強調して表現する

> 要点を大きさや線の太さや色で
> 強調して表現する

> 要点を簡潔な文言（キーワードや
> セリフ）で表現し目立たせる

ポイントがわかる

要約

全体像がわかる

全要点を1枚の絵にまとめる

> 要点を並べ
> グラフィカルにまとめる

> 特徴的な状況や状態を選び
> 絵にする

要約するには、大きく2つのアプローチがあります。ポイントをわかるようにするやり方と、全体像をわかるようにするやり方です。「ポイントがわかる」とは、その場の目的や状況を意識して一つひとつの言葉や事例に目を向け、重要な点を浮かび上がらせていくアプローチです。「全体像がわかる」とは、全体像を表す枠組みや、特徴的な状況・状態を1枚の絵にまとめていくアプローチです。これは理解力と画力が必要となりますが、一目で要点を伝えられる強力なビジュアルにまとめていくことができます。

こんな気持ちで要約してみよう！

なせばなる精神で

「正しくまとめよう」「わかりやすくしよう」と思い、慎重になりすぎては前に進めません。とくに、聴きながら情報の取捨選択を行う要約のビジュアル思考では、自分の直感を信じていくことも大切です。後からでもなんとかなる、という気持ちで描いていきましょう。

言語表現の機微に敏感に

限られた領域に情報を凝縮していく要約では、言葉の影響が大きくなります。絵では表現できない部分は、言葉で表現していかなくてはいけません。より最適な語句にこだわる気持ちが必要です。

⚠ 要約を邪魔する魔物

ねんのた目

【Nen-no-tame】

ねんのた目は、おいしい蜜をつくりたい（要約して心に入れたい）と思っている人に、「まだ養分がたりないかもよ」「もっとたくさん入れたら」と、囁いてくる魔物です。
余白が大きくて不安になっているとき、ついついねんのた目の囁きに負けてしまいそうになりますが気をつけて！
選び取った蜜は、少量でも価値を発揮します。惑わされずに自信をもってまとめていきましょう。

選んで集めれば
おいしい蜜になる

対話のたき火

じっくり向き合えば心が通う

対話とはどういうこと?

チームがギクシャクしだしたとき、「誰が正しいのか?」「何が悪いのか?」「どうすればいいのか?」といったように、すぐに議論やディベートをしてしまいがちです。もしかしたら、小さな思い違いがあるかもしれませんし、そもそも解決すべきことでないことかもしれません。

チームのメンバーそれぞれが「どんな風に感じたか?」「楽しかったことは何か?」といった感情を吐き出せないと、自分たちの気持ちを置き去りにしたままで、話だけが先に進んでしまいます。

小さな違和感に気づいたら、対話を始めてみるチャンスです。

対話とは、**主体性をもって互いに語り、互いに聴き合い、意味を共有すること**です。

議論や雑談とは異なり、一人ひとりの気持ちも大切にしていきます。対話はコミュニケーションの方法の１つですが、思考法としても優れた効果を発揮します。

うまく対話できると、まるでたき火を囲んで話しているときのように穏やかな気持ちになり、自分の考えや他人の考えがクリアに見えてきます。

人としっかり向き合うことは、勇気のいることでしょう。でもビジュアル思考の火種があれば、自然と話しやすい場が生まれます。

ひざを突き合わせて、相手とじっくり対話していきましょう。

どうすれば対話できる?

じっくりと人の話を聴くこと、自分の話を語ることは案外難しいものです。体を向かい合わせるだけでなく、心理的にもしっかりと向き合わなくては対話はできません。心を開き、相手の話に関心をもっていることを示していく必要があります。

そのためには、**勝手な解釈をもちこまず、聞こえたままの言葉を拾っていく**対話のビジュアル思考が役立ちます。話したことを指差しできる描き出し方をしていきましょう。

聞こえたままに素直に描き出すだけなので、誰でも始めやすい方法です。

対話するための4つのアプローチ

みんなが見えるように描き文脈を共有する

(アイデアを出し合うとき) (チームでのノウハウあぶり出し)
(もやもやを吐き出すとき)

▶ テーブルクロス／P72

頭の中のキーワードを書き出し共有する

(自己紹介) (ワークショップのアイスブレイク)
(プロジェクトチームのキックオフ)

▶ 脳内トピックス／P74

話の中からキーワードを選び書き留める

(未来を語り合うとき) (営業中のヒアリング)
(プロジェクトの反省会)

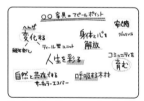

▶ キーワードハーベスト／P76

それぞれの想いを書いて交換し合う

(プロジェクトのキックオフ) (助け合いの状況をつくりたいとき)
(新しいチームメンバーが加入したとき)

▶ ドリームプレーン／P78

テーブルクロス

⏱ 15分〜2時間程度

👥 3〜8人

✍ 大判の模造紙／カラーペン

ℹ 1人1本のペンをもち、1枚の紙を囲む

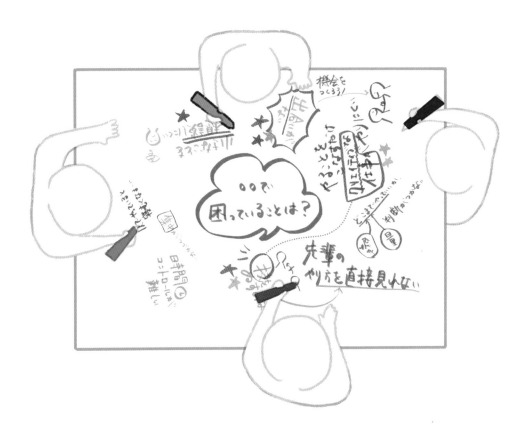

テーブルクロスは、テーブルに広げた模造紙を囲んで対話しながら、テーマや話された内容を文字や簡単な絵を使ってその場で描き出す方法です。話の過程をすべて見えるようにしていくことで、個々の考えの背景や対話の文脈を共有していくことができます。対話の場では、話すことや聴くことで精一杯になってしまい、気づいたら記録が残っていないということもあります。参加者全員がペンをもって、もちまわりで書き取っていくので、さまざまな意見をすくい上げることができます。

描き方の手順

❶ 紙の中央にテーマを書く

テーブルの上に模造紙を広げ、紙の真ん中にテーマを書き出します。テーマを掲げることで、参加者の目線を合わせます。ふきだしのような形で囲んで表現すると、他のメモに埋もれずに表現できます。

❷ 書き取り係の順番を決める

話す人と聴く人をサポートする「書き取り係」をもちまわりで分担します。話す人が変わったら、書き取り係も交代することになります。誰が最初に書くのか、どの順番で担当するのかについて簡単なルールをつくっておきます。

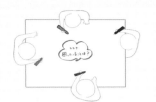

❸ 話の要点をキーワードやポンチ絵でメモする

話の要点をキーワードやポンチ絵で簡潔にメモしていきます。きれいに書き取る必要はありません。後で思い出せるように、話題となったことを漏らさないように記録します。紙の向きや描く位置は気にせずに、空いているところに自由にメモしましょう。

❹ 盛り上がった内容は強調する

熱く語られたものや盛り上がった話題は、目立つように表現します。色を使ったり、周りを囲ったりするなど、後から見返したときにわかるように強調しましょう。

❺ 注目したいことに★マークを入れ考察する

対話が一段落したら書き取られたもの全体を見渡し、注目すべきことは何かを考察していきます。まずは各自で気になった内容に★マークを入れていきます。そして、参加者全体で★マークがついていることについて、なぜそれが気になったのかを共有し話し合います。

 コツ **発言ごとに書き出してまとまっていく過程を共有する**

脳内トピックス

- ⏱ 15分〜2時間程度
- 👤 1〜20人程度
- ✎ A4の紙／ペン
- ⓘ 1人1枚の紙に描く
- ▢ テンプレート有

脳内トピックスは、対話の前に自分の頭の中を整理するために書き出しておく方法です。設定した問いに対して、頭の中に浮かんだことを単語で書き出すだけです。単語が脳内に占める割合も意識し、大きさに強弱をつけて表します。書き出した単語をきっかけに具体的な話題を展開させていくことができるので、互いの考えを深めていくことができます。

描き方の手順

❶ 大きな頭の輪郭を描く

脳の中に言葉を書いていくための輪郭として、大きな頭を描きます。真ん中にたっぷりと書き込めるようにして、顔は下の方に描きましょう。1人1枚準備します。

❷ テーマを書き込む

頭の外側にこれから語り合うテーマを書きます。複数人で行う場合には、共通のテーマを疑問形で設定しましょう。

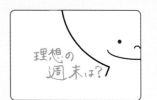

❸ 大事にしていることを単語で書く

テーマに対して、自分が大事にしていることを5〜8個くらい単語で書いていきます。大事なものから書いていくと書きやすいです。

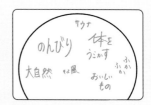

❹ 単語を線で囲む

単語を線で囲んでいきます。大事なものほど面積が大きくなるようにしましょう。大きさに強弱をつけることで、大事なことが直感的にわかりやすくなります。

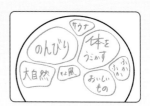

❺ 複数人で見せ合いながら対話する

完成した脳内トピックスを見せ合いながら、内容について語り合ってみましょう。単語だけではわからない具体的なイメージや状況を質問したり、大事に思っている理由を聞いていくことで対話が深まります。

 大事なことを大きく書いて、強弱をつける

キーワードハーベスト

🕐 30分〜1時間程度

👥 1〜10人程度

✍️ 白紙のノートや紙

ℹ️ じっくりと聴き自分のタイミングで書く
（自分が中心となって話す場合には不向き）

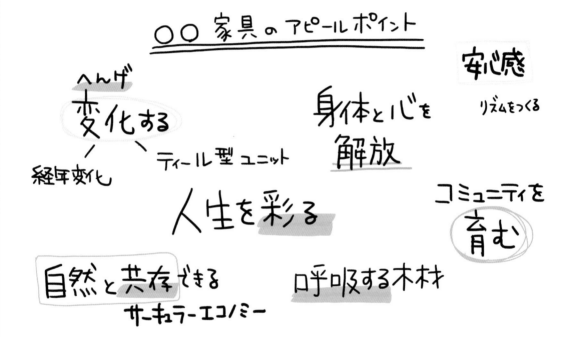

キーワードハーベストは、対話の中で浮かび上がってきた注目すべき言葉を1枚の紙に書き出していく方法です。絵は描かず、たくさんの言葉をランダムに配置します。熱く語られたものや話を広げるきっかけになった言葉に注目することで、「より重要な意味をもった言葉」をつかみ取ることができます。見出したキーワードをきっかけにして、より深い対話を続けることができます。

描き方の手順

❶ じっくりと向き合い話を聴く

すぐに書き始めず、じっくりと話を聴きましょう。

❷ キーワードを拾い、書き留める

話し手が大事に語っている言葉や重要な意味をもつ言葉を聴き分け、言葉で書き出します。話されたままの言葉をそのまま書留めましょう。聞こえた言葉をすべて書いてしまうことを防ぐために、付箋紙ではなく面積の限られた紙面を使うのがおすすめです。

❸ 注目されている言葉を目立たせる

熱く語られたものや話を広げるきっかけになった言葉に注目し、目立たせていきます。色を塗ったり、文字を囲ったりするなど、注目度の高さを表現していくよう工夫します。

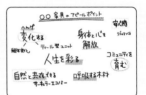

❹ 話の切れ目で書き取ったキーワードを伝える

話がひと区切りしたら、書き出したキーワードから重要なものを話し手に伝えます。わからないことや話し足りないことに気づいてもらうことで、対話が深まるきっかけをつくります。

❺ 写真に撮って共有する

対話が終了したら書いたものを写真に撮り、関係者で共有しましょう。何について語られたのか、全体像をとらえるヒントにすることができます。

 コツ　　**重要な言葉を厳選しつかまえる**

ドリームプレーン

🕐 10分〜1時間程度

👤 3〜10人程度

✏️ 1枚の紙／色ペン

ℹ️ 1人ずつ自由に書く

ドリームプレーンは、各自の「やってみたいこと」を書いた紙を紙飛行機にして飛ばし合い、書いた人と拾った人が対話するきっかけをつくる方法です。偶然手にとった紙飛行機を介して、誰かの「やってみたいこと」を知り、その人のために何ができるかを考えます。互いの内面を楽しく知りながら、助け合えるチームをつくることができます。

❶ 自分のやってみたいことを文字で書く

自分がやってみたいことを1人1枚の紙に文字で書きます。遠くからでも見やすいように、太いペンで大きく書きましょう。色を使ったり、装飾したりすると楽しくできます。

❷ 紙飛行機の形に折る

文字が書かれている部分を内側にして、紙飛行機の形に折ります。

❸ 全員で紙飛行機を飛ばして1つ拾う

広い場所で一斉に紙飛行機を飛ばします。できるだけ遠くまで飛ばしてみましょう。そして、自分が飛ばしたもの以外の紙飛行機を1つ拾います。

❹ 自分では何が貢献できるのかを宣言する

拾った紙飛行機を開いて、1人ずつ読みあげます。そこに書かれていることに対して、「自分だったらどんな貢献ができるのか」を考えて宣言します。

❺ 紙飛行機の作者を見つけたら話を聞く

自分が読みあげた紙飛行機を書いた人を見つけたら、2人で対話しましょう。「ここに書かれていること、もっと教えて」「なぜ、そう思ったの?」など、相手に興味をもって話してみましょう。

 コツ 　　　拾った言葉を自分ごととしてとらえる

対話するときのポイント

内容を即座に描いて見せる

対話は常に流れていきます。その中で紙に描き出していく行為は、「聴いていますよ！」という意思表示でもあります。対話を促進していくためには、個人のメモではなく、対話している人全員のメモとして、描かれた内容が見える位置、見える大きさで描く必要があります。

抜粋せずに全要素を描く

対話は、質問し合いながら探索的に進んでいきます。その状態をありのまま受け入れて描き出すことが、対話しやすい環境をつくります。内容別に整理したり、構造化しようとしたりしてはかえって逆効果。誰でも話せる雰囲気をつくっていくためにも、整理せずに描き出しましょう。

論点を見えるように掲げる

対話しているうちにテーマを忘れてしまうことはよくあります。対話が始まるときに、全員が見える場所にテーマを書いて掲げます。テーマを掲げることで、対話の質を高めることができます。

対話のしくみ

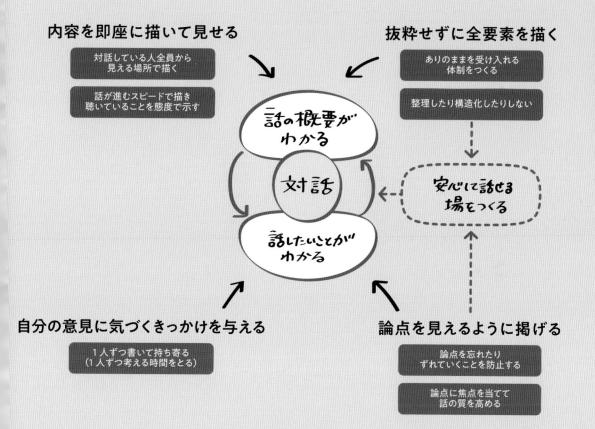

内容を即座に描いて見せる

対話している人全員から
見える場所で描く

話が進むスピードで描き
聴いていることを態度で示す

抜粋せずに全要素を描く

ありのままを受け入れる
体制をつくる

整理したり構造化したりしない

自分の意見に気づくきっかけを与える

1人ずつ書いて持ち寄る
（1人ずつ考える時間をとる）

論点を見えるように掲げる

論点を忘れたり
ずれていくことを防止する

論点に焦点を当てて
話の質を高める

対話は「話の概要がわかる」と「話したいことがわかる」が循環すると、うまく進んでいくしくみになっています。「話の概要がわかる」ことで、話されている内容とその全貌が即座に見え、流れていってしまいがちな話の趣旨をつかまえやすくなります。また「話したいことがわかる」ことで、話の論点が見え、自分の意見に気づくきっかけが生まれ、より対話に参加しやすくなります。

こんな気持ちで対話してみよう！

答えを急がさず温かく見守る

対話をしていると、なかなか言葉が出てこない人、うまく表現できない人がいるかもしれません。考えながら語っているのだから当たり前です。温かく見守りながらゆっくり待って、受け止めていきましょう。

話の当事者を尊敬し理解しようと努める

対話では、一人ひとりが当事者として語り合います。それを描き出す人は、話された内容を1つの事例として丁寧に扱っていくことが必要です。時にはデリケートな話題もあるかもしれません。話している人に対して敬意をもって臨みましょう。

⚠ 対話を邪魔する魔物

ちょっ貝
【Chokkai】

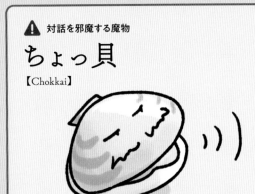

ちょっ貝は、ゆっくりと対話をしたいと思っている人たちの間に割って入り、「それはぼくも経験があるよ」「君の意見、あの人に教えてあげるといいよ」と、首を突っ込んでくる魔物です。
自分も役に立ちたいという思いが強いと、誰でもちょっ貝になってしまう可能性があります。対話は、話す人が自分のリズムで自主的に話していかなくては意味がありません。つい口に出したくなったときは気をつけて。

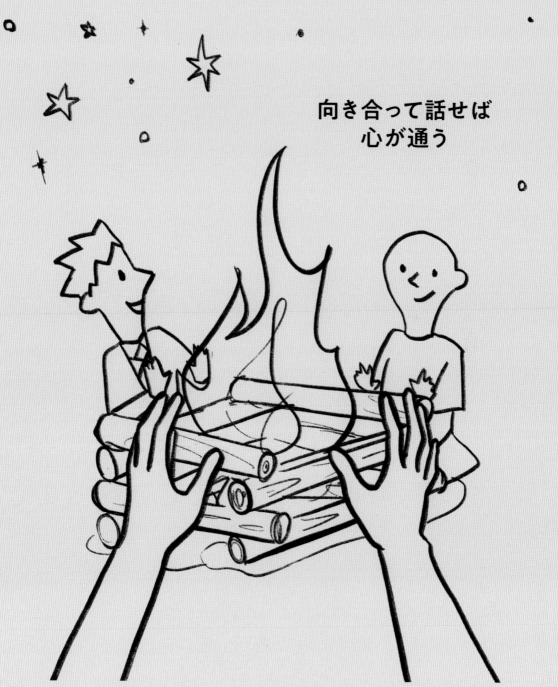

向き合って話せば
心が通う

ビジュアル思考を行う2つのタイミング

ビジュアル思考を行うタイミングは2つあります。その場で描く「リアルタイムドローイング」と、後から描く「タイムラグドローイング」です。この2つは効果に大きな違いがあるので、描くタイミングを間違えばかえって逆効果になってしまうこともありえます。適切なタイミングをおさえておきましょう。

その場で描くリアルタイムドローイング

リアルタイムドローイングは、話している間や考えている間に描きます。いま起こっていることをつぶさに描き出すことで、参加者の発想を刺激し、積極的な参加を促します。

話を聴きながら描き出す様子は、まるで同時通訳をしているようだ、とたとえられることがありますが、まさにその通り。聴き取ることと解釈し表現することを同時に行います。聴き分ける技術と素早く描く技術の両方が求められます。

後から描くタイムラグドローイング

タイムラグドローイングは、話した後や考えた後でまとめるために描きます。過程でメモをしておき、後に完成させるものもこれに該当します。

じっくり考えて描く時間がとれるので、わかりやすく多くの人に伝わりやすい表現で描くことができます。イラスト制作やポスター制作に近いイメージかもしれません。

話したことや考えたことがわかりやすい絵になれば、会社全体のビジョンとして掲げたり、SNSで発信したりしやすくなります。色の使い方や配置が重要になるので、グラフィックデザインの技術が求められます。

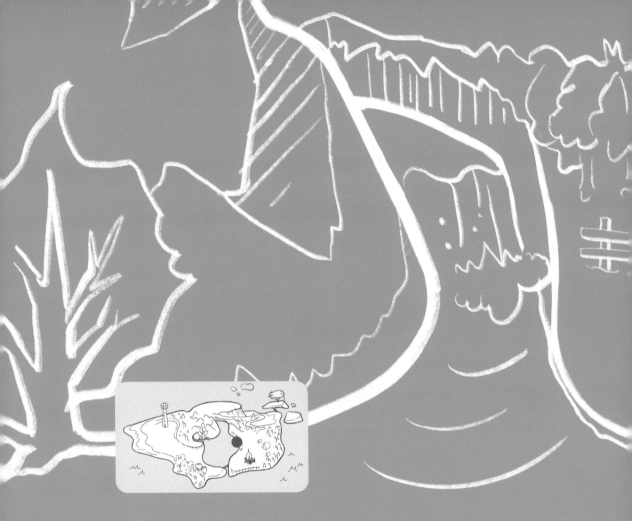

CHAPTER **5**
THE SURFACE OF INTROSPECTION

内省の水面

映し出せば自分に気づく

ビジュアル思考大全

内省とはどういうこと?

新しい仕事に就いたとき、結婚や出産でライフスタイルが大きく変わるとき、これからどんなことをしていきたいのか、自分の目標が見えずに不安になることはありませんか?

仕事がうまくいかないときや、キャリアに迷っているときは、自信をなくしてしまったり、他人からの評価ばかりが気になってしまうことがあるかもしれません。

自分は何が得意なのか? どんな考え方をしていたのか? 何を大事にしているのか? といったことを根本的に見つめていく必要があります。

そんなときこそ、内省が効果的です。

内省とは、**自分の言動や思考について、客観的に観察し省みること**です。

内省できると、まるで湖面に映る自分が語りかけてくるように、自分では気づいていなかった身心の状態や本心が見えてきます。

誰にでも短所や直視したくない内面があるでしょう。しかし、そこから希望が見つかるとしたら、勇気を出してやってみる価値はあるかもしれません。

湖の水面にそっと顔を映し出すように、自分の内面を覗いてみましょう。

どうすれば内省できる?

内省するためには、自分の内面を自分の外から見ていくような客観的なまなざしが必要です。

そのためには、**自分について書き出した後、もう1人の自分になったつもりでそれを見つめていくような2段階のアプローチ**が有効です。カメラで撮影した自分の写真を見るのと似ているかもしれません。

自分がやってきたことは何か？　自分の素直な気持ちはどこにあるのか？　といったことを1つずつ書き出して、それらの意味について深く考えていく内省のビジュアル思考によって気づきが生まれます。

自分について考える時間がなかなかもてない人は、自分の想いを正直に書き出すだけでも内省するきっかけになるでしょう。

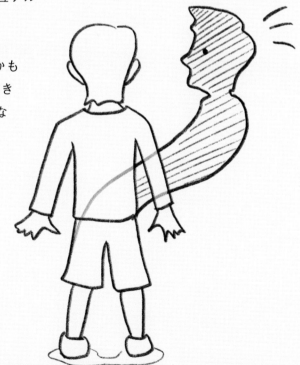

内省のための4つのアプローチ

あいまいな状況や気持ちを色と形で表す

(個人の日記)　(感性表現のトレーニング)　(心のリハビリ)

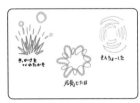

▶ カラーダイアリー／P92

大切なものの特徴をたくさん書き出す

(キャッチコピーを考えるとき)　(自分の強みを見つけたとき)
(ダイエットを始めるとき)

▶ 360度探索／P94

過去と現在の変化をとらえる

(年間目標の設定のタイミング)　(1年間をふりかえるとき)
(活動の成果を発表するとき)

▶ 変化さがし／P96

自分の人生を物語にたとえる

(人生をふりかえりたいとき)　(自分探しの旅)
(家族で未来のことを考えるとき)

▶ 人生のとびら／P98

カラーダイアリー

- ⏱ 5分×ほぼ毎日
- 👤 1人
- ✍ 無罫ノート／8色以上の色鉛筆か色ペン
- ℹ 1日の終わりにゆっくりと

き、かけを
つくれたかも

元気でた日

きんちょーした

カラーダイアリーは、言葉では表しきれないあいまいな状況や気持ちを、色や形を使った抽象的な表現で描く方法です。直感的に描き出していくため、表面的には気づきにくい心の声を聴きとることができます。忙しすぎる日々の中で自分のことが見えなくなっているとき、自分の状況の変化、気持ちの変化をとらえることができるようになります。

描き方の手順

❶ 目を閉じてゆっくり1日をふりかえる

描く前に、ゆっくりと内省できる環境を整えます。目を閉じて今日
1日で何があったのかをふりかえりましょう。

❷ いまの気持ちになじむ色を直感的に選ぶ

いまの気持ちになじむ色を1〜2色、直感的に選びます。ここで気
をつけるのは、論理的に考えないこと。気持ちがふさいでいたから
ブルーというような選び方は、直感力を妨げてしまいます。一つひ
とつ色ペンを手にとり、しっくりくるかどうか自分の気持ちを確か
めます。

❸ 今日の体験を線の形で表現する

選んだ色ペンで形を描きます。今日一日の体験をあえて形にするな
らどんな形になるでしょうか。抽象的な形で描いていきます。例を
参考にしながら、自分だけの形をつくりましょう。

❹ 説明を一言添える

気持ちを表す色を使って抽象的に描かれた形ができたら、どうして
そのような色や形になったのかを考え、気づいたことを一言書き添
えます。

きっかけを
つくれたかも

❺ たまに人に見せて話す

カラーダイアリーを付けていくことは、日々をふりかえるよい
きっかけになります。「刺激が多かったな」「最近、疲れているな」
など、自分の状態に気づいていけるようになるでしょう。たまには
親しい人に見せながら、何があったのかを話してみるのもよいかも
しれません。

 コツ　　**直感のおもむくままに手を動かす**

360度探索

- 15分〜30分
- 1〜5人
- 1枚の白紙／ペン
- 時間を区切り集中して
- テンプレート有

家族との団らんの時間 　かけがえのない日常

会えないさみしさ		全員がそろう嬉しさ	家族旅行	おふくろの味	丸裸の自分になる
お約束がある	ごはんがおいしい		近況を共有できる	夕方の時間	
たまにちょっとめんどくさい		顔を見て変化に気づける	リラックスできる	思い出をつくれる	寝る前のひととき
ボケ系＆ツッコミ系	子どもたちの成長がみえる	肩もみ券	心からくつろげる	なにもしない時間が多い	
いろんな時間がある	後から懐かしくなる		話すことがなくなることも	お手伝いの時	宝物

360度探索は、自分の無意識の思考を探索する方法です。「自分が大切に感じているもの」を1つ設定し、その特徴をあらゆる角度から30個の言葉で書き出します。時間制限を設けてできるかぎり多くのことを書き出すことで、自分でも意識していなかったことまで発掘することができます。自らの潜在的な考え方に気づき、新しい視点を手に入れることができるでしょう。

描き方の手順

❶ 探索する対象を決める

「自分が大切に感じているもの」を1つ設定します。たとえば、長い間愛用しているものや大事にしている時間、いつも持ち歩いているものなど、具体的にイメージして決めてください。

❷ 線を引いて30マスをつくる

30個のマス目をつくります。マス目の大小にばらつきがある方が楽しく考えられるので、定規を使う必要はありません。

❸ 10分で対象の特徴を書き出す

マス目の中に「自分が大切に感じているもの」の特徴を文字で書き出していきます。時間制限を設けて書き出すことで、強制的にさまざまな特徴を出すことができます。

❹ すべてのマスをがむしゃらに埋める

10分間ですべてのマス目を埋めるには、じっくり考えていては間に合いません。とにかく思いついたものをがむしゃらに書き出します。視点を切り替え、さまざまな方向から特徴を考え書き出します。

❺ 意識していなかったものを発掘する

すべてのマスが埋まったら書き出したものを眺め、これまで意識していなかったものを探しましょう。自分がそのものを大切にしている理由について考えていくことで、自分がものを選ぶときの基準や、価値観について気づくことができるでしょう。

 コツ 思いつくことを書き出した後に、隠れていたことが見えてくる

変化さがし

⏱ 15分～1時間程度

👤 1人

✏️ 1枚の白紙／ペン

ℹ️ 1人で集中し、落ち着いて描く

📁 テンプレート有

2019.12

2020.12

- オンラインでのつながりになった
- 活動時間が早くなった
- できることを一つひとつやるようになった

変化さがしは、過去から現在の間で自分に起こった変化を書き出し、その変化にどんな意味があったのかを考える方法です。過去と現在の2つの時点に対して、具体的な自分の状況を絵で描きます。2枚の絵を比較することで、自分の状態に変化を与えた要因や自分に影響を与えていたことに気づくことができます。

描き方の手順

❶ 変化をとらえる 2 つの時点を設定する

紙の左右に四角の枠を 2 つ描き、左側にふりかえりたい過去、右側に現在を設定します。1 年前、活動を始める前、生活を変える前などふりかえりたい過去の時点を設定し、その日付も書きます。

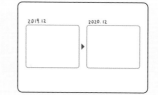

❷ 左側に過去の自分の状態を描く

左側の枠の中に、過去の自分の状態を描きます。どこで何をしていたかという状況を総合的にとらえるためにできるだけ絵で描きましょう。「シーンキャプチャ」（CHAPTER 3）も参考になります。もちろん文字で補足しても大丈夫です。

❸ 右側に現在の自分の状態を描く

右側の枠の中に、現在の自分の状態を描きます。左側に描いた過去の絵と対比させるように描いていきます。

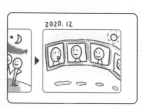

❹ この間にあった変化を書く

左右の絵を見比べながらこの間に何があったのか、状況の変化で気づいたことを箇条書きで書き出していきます。「自分がやっていることはどう変わった？」「自分の気持ちはどう変わった？」「環境は？」「周りにいる人は？」など、絵には描かれていないことにも着目します。

❺ なぜこのような変化があったのかを考える

2 つの時点の変化が書き出せたら、ゆっくりと自分に問いかけます。「この変化が起きた理由は？」「何が影響している？」「良い方向／悪い方向に変わった要因は？」と考えることで、気づきが得られます。

 コツ 時間の流れを意識せずに2つの時点の変化を客観的に比較する

人生のとびら

🕐 5〜15分程度

👤 1人

✎ 1枚のカード／ペン

ⓘ 1人で集中し、落ち着いて描く

人生のとびらは、自分の人生を1つの物語にたとえ、本の扉をデザインするように章の番号、タイトル、挿絵で表現する方法です。いまの自分は物語のどのあたりを生きているのかを章番号で書き、どんな内容の物語を生きているのかをタイトルと挿絵で表します。人生の転機や長期休暇などのタイミングで、自分の人生に思いをはせることで、いまの自分を受け止めるきっかけを与えてくれます。

描き方の手順

❶ 自分の人生を物語にたとえて妄想する

生まれてから死ぬまでの自分の人生が、1つの壮大な物語だとしたらどんな物語になるでしょうか。いま自分が生きているのは、物語の中のどのあたりなのかをしばらく時間をとって妄想します。

❷ 章番号と章のタイトルをつける

カードを本の扉に見立てて、中央に章番号と章のタイトルを書きます。章のタイトルは、いまの自分の状態をとらえながらも、簡潔に表現できる言葉を探してください。

❸ 章の扉絵を描く

カードの空いている部分に物語の挿絵を描きます。描き方は自由です。タイトルの内容を絵で表現したり、いまの状況を抽象的な線で表します。

❹ これからの物語を思い浮かべてみる

人生はまだまだ続きます。これからの人生にもきっとおもしろいことが待っているはずだと、物語に思いをはせてみましょう。

❺ 本日の日付を書いて保存する

このカードを人生の1ページとして保存します。書いた日の日付を書き残しておきましょう。

 コツ 　　**人に語るつもりでドラマチックな物語を想像する**

内省するときのポイント

1人で集中して考える

内省のために最初にやることは、時間をつくること。ゆったりと1人で姿勢を正して集中できる時間をスケジュール帳に書き込みましょう。朝ごはん前、夜寝る前、週末のカフェ時間など、やらなくてはいけないことから解放され、深呼吸できる時間が有効です。

紙に書き出して考える

考えをアウトプットするだけならばスマートフォンでもできますが、自分のことを省みるときには手を動かしながら紙にペンで書いていく方が思考が活性化されます。お気に入りのペンとノートを使えば、ワクワクする気持ちも加わってさらに効果的です。

継続してやり続ける

継続してやり続けると、自分のことを客観的にとらえやすくなり、自分の変化も除々に見えてきます。1か月に1回、1年に1回でも大丈夫。定点観測するつもりで、継続してトライしてみましょう。

内省のしくみ

継続してやり続ける

変化が
わかる

回数を重ねることで
客観的にとらえる

自分を定点観察する

自分と
向き合う

内省

1人で集中して考える

集中できる時間を確保する

姿勢を正して深呼吸する

自分を
書き出す

紙に書き出して考える

手を動かして考える

お気に入りの
ペンとノートを使う

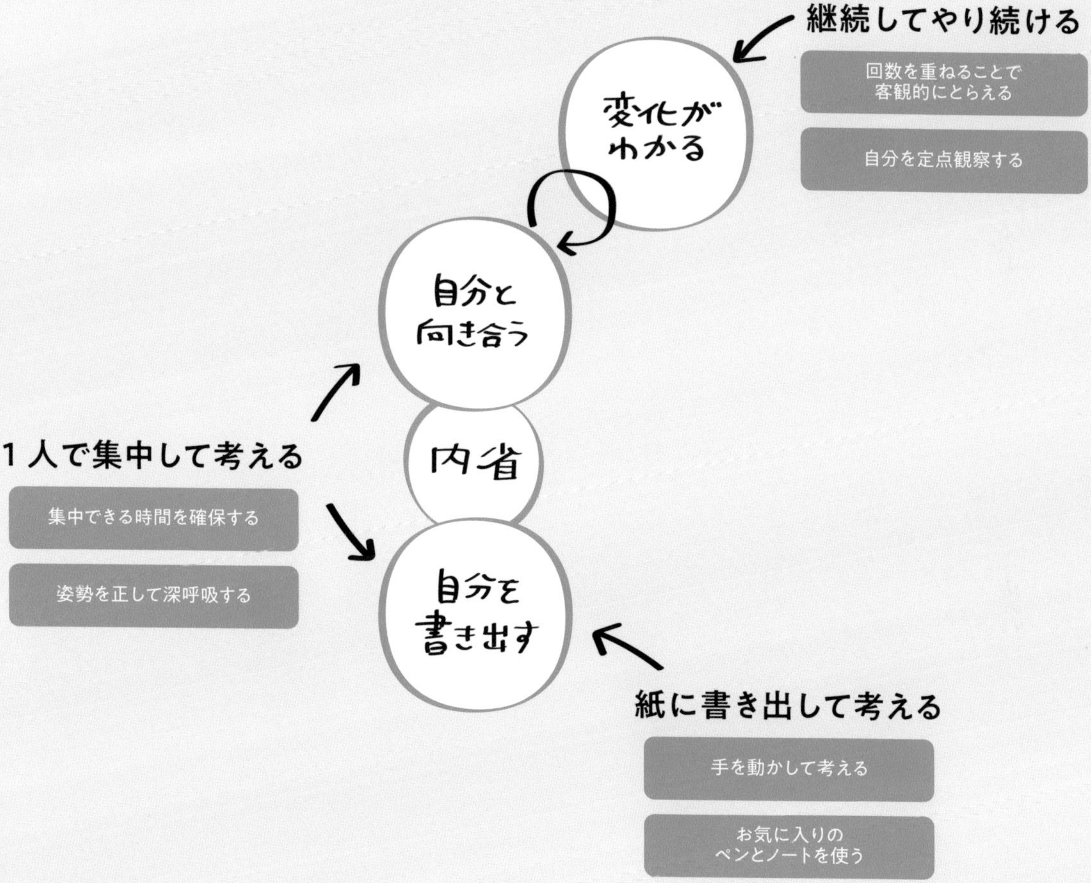

自分と向き合い内省を促進するビジュアル思考には、2段階のプロセスがあります。
1段階目は、「自分を書き出す」プロセスです。1人で集中して考えながら自分について紙に書き出していくことで、自分のことをとらえることができます。
2段階目は、「自分と向き合う」プロセスです。書き出したものを客観的にとらえ直すために、1人で集中して考えます。これらの2つのプロセスを「継続してやり続ける」ことにより、より客観的に自分のことをとらえ、自分を知ることができるようになります。

こんな気持ちで内省してみよう！

わかっていなかったことを
見つける

自分がすでに考えていたことを確かめるような内省では、効果は期待できません。新たな気づきを得るためにも、すでにわかっていることではなく、「わかっていなかったこと」「気づいていなかったこと」に目を向け、受け止めていきましょう。

何度やっても
初めての気持ちで向き合う

時代や環境が刻々と変化している中で、自分自身も変わり続けています。同じ方法でも、実施するタイミングでまったく違う結果が出ることがあるのが、内省のおもしろいところです。毎回、フレッシュな気持ちで取り組みましょう。

⚠ 内省を邪魔する魔物
ダメ～だ
【Dame-da】

ダメ～だは、自分の弱いところや傲慢な気持ちが固まってできた、もう一人の自分ともいえる魔物です。「どんなに頑張ったってできっこない」「他の人を蹴落としたい」「みんなが悪いんだ」「なぜ自分が評価されないのか」。そんな暗い気持ちにつけこんできます。しかし、それも自分。びっくりしないで少しずつ理解していきましょう。短所に思える部分も、転ずれば自分の長所になることだってあるはずです。

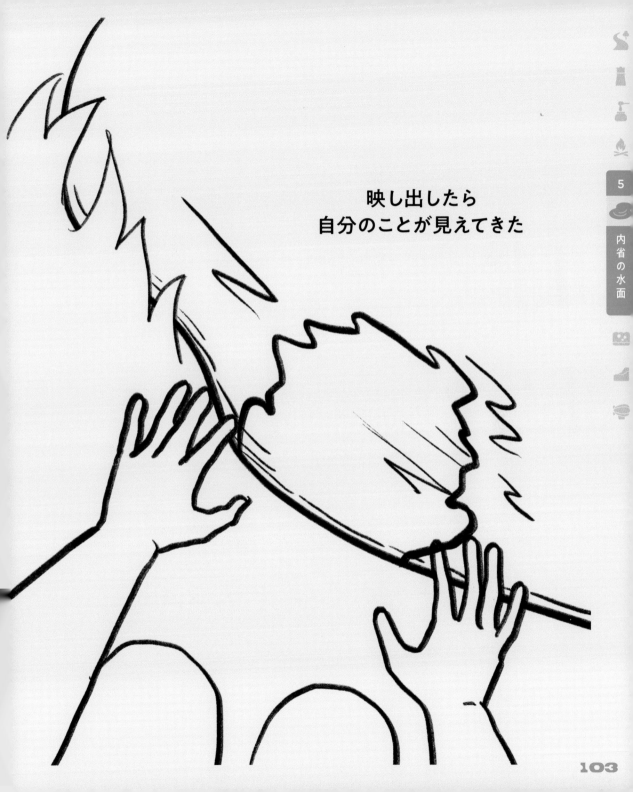

映し出したら
自分のことが見えてきた

CHAPTER **6**
THE SWAMP OF EXPLORATION

探究の沼

深く潜れば根本がわかる

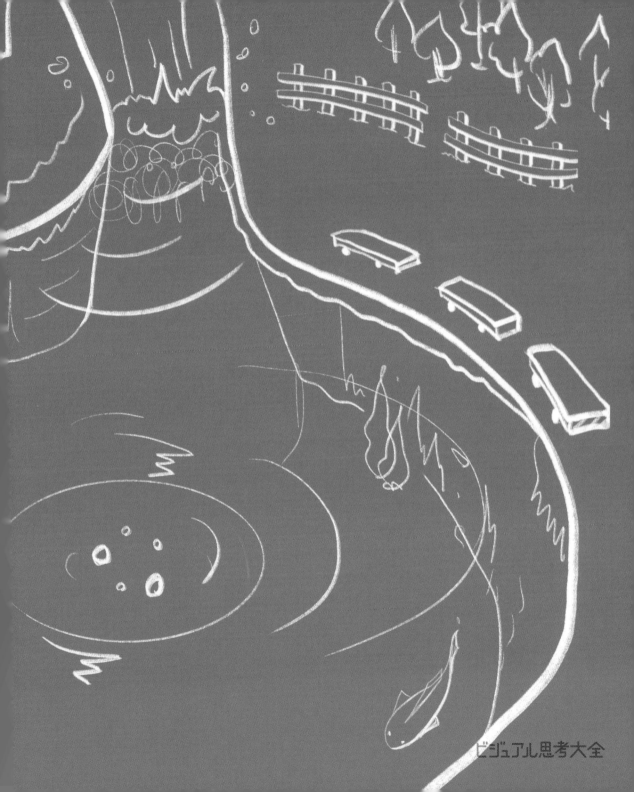

ビジュアル思考大全

探究とはどういうこと?

問題点を見つけて改善しているうちに、より一層状況が悪化してしまい、手がつけられなくなってしまったことはありませんか?
複雑な状況をとらえてしくみを解き明かしたいとき、情報の多さに頭がこんがらかってしまうこともあるかもしれません。

見えていることの背景には、さまざまな原因が渦巻いています。それぞれの関係性や本質を把握しないまま考えていては、根本的な解決はできません。

そんな状況こそ、探究すべきときです。

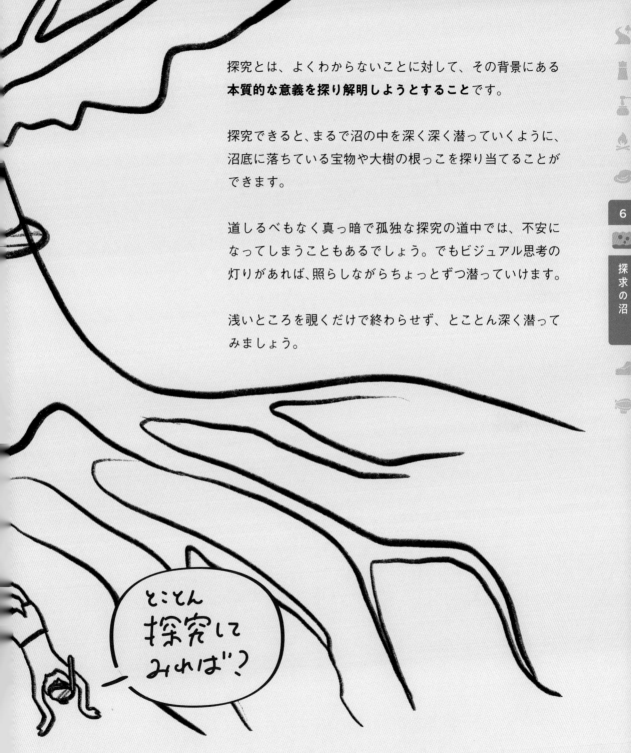

探究とは、よくわからないことに対して、その背景にある**本質的な意義を探り解明しようとすること**です。

探究できると、まるで沼の中を深く深く潜っていくように、沼底に落ちている宝物や大樹の根っこを探り当てることができます。

道しるべもなく真っ暗で孤独な探究の道中では、不安になってしまうこともあるでしょう。でもビジュアル思考の灯りがあれば、照らしながらちょっとずつ潜っていけます。

浅いところを覗くだけで終わらせず、とことん深く潜ってみましょう。

どうすれば探究できる?

探究するためには、表面的な出来事に惑わされず、その背後にある「理由」や「意味」に着目することから始めなくてはいけません。「なぜそうなっているのか?」「そこには何があるのか?」と問いながら探っていく必要があります。

情報をたぐり寄せながら、ちょっとずつ潜っていくようなイメージです。そのためには**情報を並び替えたり関係性を探ったりしながら、普段とは違うさまざまな視点から見つめていく探究のビジュアル思考**が役立ちます。

探りながら見えてきたことを改めて描き出すことで、探究を進めていけるでしょう。

探究するための4つのアプローチ

色ペンで描きわけて気づきを得る

(情報収集の分析ノートで)　(会議中のホワイトボードで)

(自由研究ノートで)

▶ 3色読み解き／P110

問題の原因を構造的に整理する

(ウェブやアプリの改修箇所を整理するとき)

(仕事の問題の原因を追究するとき)

(サービスのリニューアル方針を共有するとき)

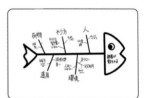

▶ フィッシュボーン／P112

ものの存在意義をあらゆる視点から探る

(商品開発のコンセプト検討で)　(お店のリニューアル戦略で)

(キャッチコピーの検討で)

▶ 役割ドーナツ／P114

関係性を1つの世界にたとえて解釈する

(新しいプロジェクトの企画をたてるとき)　(複雑な概念を追究し解明したいとき)

(ビジョンを多くの人と共有するとき)

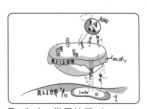

▶ 意味の世界地図／P116

３色読み解き

- ⏱ 10 ～ 20分
- 👤 1～4人程度
- ✎ ノートやホワイトボード／3色ペン
- ℹ 1人で／1人が先導しながら

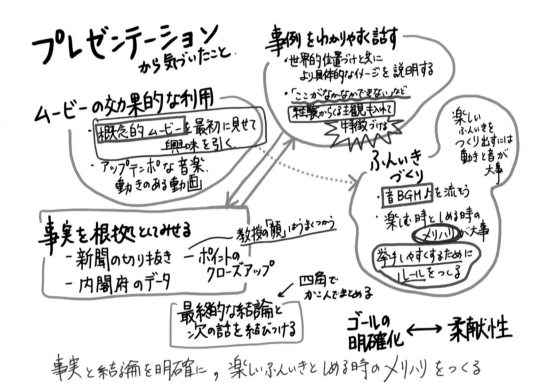

３色読み解きは、さまざまな情報が混在する整理されていないノートやホワイトボードの内容を読み解きながら、要点をとらえる方法です。色ペンで注目したいと思ったところを囲ったり、それに関係のある部分を矢印でつないだりしながら内容を読み解きます。読み解きながら見えてきたことは、文字で書き込んでいきます。ノートをとる最中ではきれいに整理できていなくても、書き終わったノートから大事なことを拾い上げることができます。

描き方の手順

❶ 読み解きたいノートを用意

これから読み解いていく自分のノート（ホワイトボード）を広げます。会議で聞き取った意見や調査で明らかになった事例、書き出したアイデアなど、さまざまな情報が散らかったものがよいでしょう。

❷ 緑色で構造を読み解く

緑色のペンで内容のまとまりごとに囲み、関係がある部分は線でつなぎます。線がぐちゃぐちゃになってしまっても構いません。どこに何が書いてあるのか目を通すことが目的です。

❸ 青色で「初めて目にするもの」に印をつける

「初めて見たものや新たに知ったこと」を青色のペンで囲んだり線を引いたりします。それが印象に残っている理由も青色のペンで書き出します。

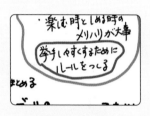

❹ 赤色で「おもしろいと思ったこと」に印をつける

「おもしろいと思ったことや何かピンときたもの」を赤色のペンで囲んだり線を引いたりします。あくまで個人的な感想で構いません。その理由も赤色のペンで書き出しておきます。

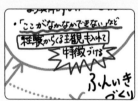

❺ 見えてきたものを文章で書き出す

緑、青、赤の3色で読み解いてきたことを俯瞰してとらえながら、見えてきたことを文章で書き出します。元となるノートが書かれた目的を改めて確かめてから書き出しましょう。

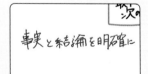

 コツ　元の情報と色づけした解釈を切り離して考える

フィッシュボーン

- ⏱ 30分〜2時間
- 👥 1〜6人
- ✎ 1枚の白紙／ペン／付箋
- ℹ 議論しながらまとめる

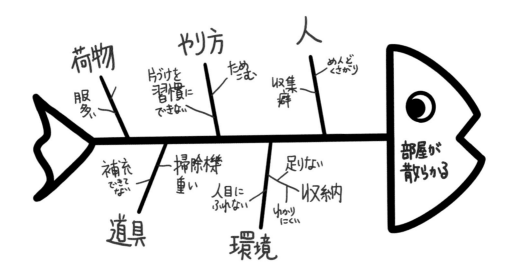

フィッシュボーンは、問題の特性や要因を分析していく方法です。魚の骨の形に合わせて、問題が起こる要因を構造的に書き出してとらえることができます。問題の全貌を明確にすることができるので、複雑な問題や大規模すぎて見えにくい問題などには効果的です。

※フィッシュボーンは、1956年に石川馨氏が考案した、特性要因図を原型として展開されているメソッドです。

描き方の手順

❶ 魚の頭に「問題」を書き、背骨と尾を描く

魚の頭の部分に「解決したい問題」を文字で書きます。「○○サービスの使いにくさ」「○○の人気不足」など、すでに明らかになっている問題を掲げます。頭が描けたら、背骨と尾を描きます。

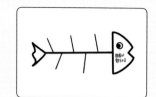

❷ 大骨に「問題をとらえる観点」を書く

背骨に対して4～6本程度の大骨を垂直に描きこみます。問題をとらえるための軸となる骨です。たとえば、「材料」「人」「方法」「機械」「環境」といった視点です。考えやすい言葉に調整したり、追加したりして、幅広い視点から考えるための準備をします。

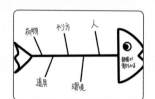

❸ 小骨に「問題の要因」を書き込む

大骨に対して小骨に「問題の要因」を書き入れます。「なぜそのような問題が起こってしまったのか」など要因として考えられるものをすべて書きましょう。このタイミングで大骨に追加したいものがあれば加筆しても構いません。

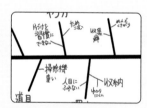

❹ 全体を見ながら検討漏れをチェック

改めて、頭に書いた「解決したい問題」に関する要因に書き漏れがないかをチェックします。

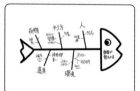

❺ 見ながら考察する

全体を見渡して考察します。「どのような性質の問題が多いか?」「重要な問題はどこで起こっているか?」「早急に対処すべきところやじっくり改善が必要なところはどこか?」など話し合いながら考えていきましょう。

 コツ　**問題が起きる原因はいろんなところに潜んでいる**

ものの存在意義をあらゆる視点から探る

役割ドーナツ

- ⏱ 30 ～ 60 分
- 👥 1 ～ 10 人
- ✏ 1 枚の白紙／ペン
- ℹ 1 人が中心に進める
- 🗂 テンプレート有

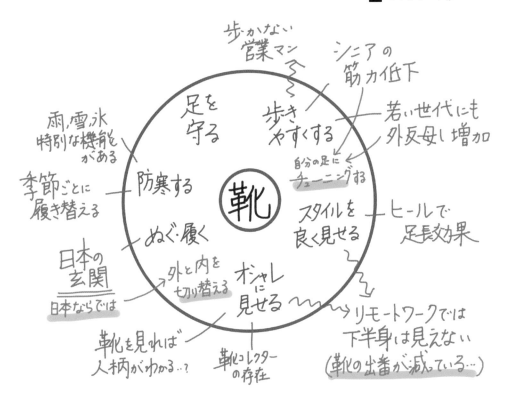

役割ドーナツは、1つのものの役割や意味をドーナツの形に合わせて書き出して発見する方法です。ものを中心に書き、その周りに役割を、さらにその周りに状況や背景を書き出します。書き出したものの関係性に着目しながら、隠れていた意味や役割を探っていくことで、異なる視点からものを探り、存在意義をとらえることができます。科学・技術の進歩や価値観の変化で、ものの役割が変わってきた現代ならではの思考法です。

描き方の手順

❶ ドーナツの形を描く

大きなドーナツに見立てて、2重丸を1つ描きます。ドーナツの穴は小さめにするのがポイントです。

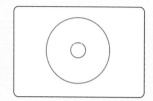

❷ 分析したいものを書く

テーマとなるものをドーナツの穴の部分に文字で書きます。「椅子」「店」「バス停」「同期コミュニティ」「ファンクラブ」などシンプルな名詞がおすすめです。

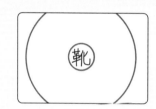

❸ ものの役割を書き出す

ものが担っている役割をドーナツの生地の部分に書き出します。役割とは、ものがもっている機能や、そのものを通して行われる活動などです。思いつくままに挙げていきましょう。

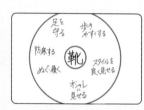

❹ 状況や背景を書き出す

書き出された役割が求められる状況や背景を、ドーナツの外側に書き出します。物理的な環境、社会的・文化的な背景などが該当します。「なぜその役割が必要なのか？」などの理由について考えていくと、書きやすくなります。

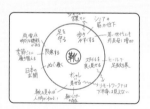

❺ 新たな役割を発見し書き足す

状況や背景を書き出していくと、それまで見えていなかった役割に気づくことができるでしょう。状況や背景に対して、新たな役割を書き足します。「この状況だからこそ、このものがもっている機能は？」「この背景だからこそ、このものがもっている存在意義とは？」といった問いを起点に、より深く考えていきます。

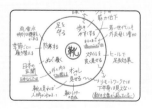

 コツ **既成概念を取り払い目の前の情報に集中しよう**

意味の世界地図

⏱ 4時間〜3か月程度

👤 1人

🖊 1枚の白紙／さまざまなペン

ℹ️ 1人で集中力を高めて描く

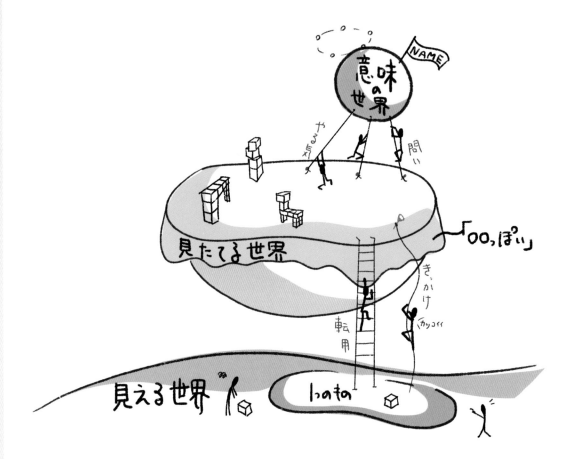

意味の世界地図は、ものごとの関係性や構造を1つの世界にたとえて、奥行きのある地図で表現する方法です。表現したいことの全体像を大地や海などを含む地形で表し、表現したい個別の要素の特徴や性質を概念的に似ているもので表現します。本書冒頭で示した地図もこの手法で表しています。複雑でとらえにくいものに形を与え、理解するためのきっかけをつくります。

描き方の手順

❶ とらえたい世界を確認する

とらえたい世界を特定します。たとえば「金融業界の世界」「プログラムを学ぶ人たちの世界」「茶道の世界」といったように、興味をもてる世界を選びます。

❷ その世界で起きていることを人型で描く

その世界で起こっているさまざまな事例やエピソードを確認し、特徴的なものを複数取り上げます。起こっていることを人型や具体的なアイテムで描きます。

❸ ものごとの関係性や構造を地形で描く

その世界で起こっていることやそれぞれの関係性、構造を地形で描きます。山、海、坂、平野、森など最適な地形を構成して1つの世界を形成していきます。

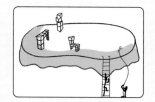

❹ 関係性が最適になるように配置する

人型と地形ができてきたら、それぞれの要素の位置関係が最適になるように調整をしていきます。似ている活動は近くに配置し、関連性を読み解きながら地形に反映します。

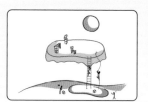

❺ 個別の人型と全体の地形の意味を探る

地図全体と個別の人型が表している活動を見渡して、それぞれの意味について考えます。具体的には、「全体の中でこの個別の活動はどんな意味をもっている?」「それぞれの活動が集まることで、全体としてどのような意味をもっているのか?」「大地の上と下に意味はあるか?」といったことを考察していきます。

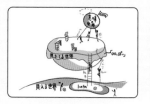

※②〜④はどの順番で進めても構いません

 コツ **常に全体の関係を意識しながら細部を考える**

探究するときのポイント

関係性を図形でとらえる

ものごとを探究していくときに、まず注目していくべきものは「関係性」です。因果関係、相関関係、包含関係……、これらを文字で書いていくのは大変ですが、図形で描けば簡単です。情報を丸や四角で囲み、矢印を効果的に使うことで、関係性を見えるようにすることができます。

注目したいところを強調して描く

たくさんの情報の中から特別なものがすぐにわかるように、色を使ったり大きく描いたりするなどして強調します。探究するときに色を多用するとかえって見にくくなるので、着目したいところにだけに色を配色するなど、ルールを決めて使いましょう。

動かしたり差し替えたりする

一度描いたら終わりではなく、場所を動かしたり内容を差し替えたりしていくことが、探究では必要です。内に描くか外に描くか、近くに描くか遠くに描くかなど、配置する位置にもこだわって、関係性を探索します。
付箋などを使って何度も新しく描き直していきましょう。

探究のしくみ

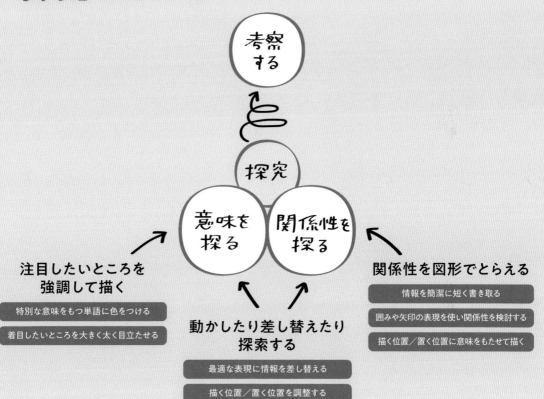

探究のビジュアル思考は、情報を常に動かしたり差し替えたりして進めていきます。「関係性はどうなっているのか」「何を意味しているのか」を描き出して模索することで、探究を促進します。「関係性を探る」ためには、囲みや矢印など構造をとらえやすい記号を用いて描きます。「意味を探る」ためには、特別な意味をもつ単語に色を塗るなどして、注目したいところを強調して描きます。このように、より最適なものを模索し、追究していくことで、探究できる状況をつくります。

こんな気持ちで探究してみよう!

段階的にアプローチする

探究では、深く考え抜くことが欠かせません。行き詰まったときは一度に答えを出そうとせずに、何回かに分けて段階的に進めていきましょう。視点や手段を替えることで思考を深めることができます。

好奇心をもって「なぜ?」を考える

わからないことを解明したいという思いを強くもっていなければ、探究はできません。何度も問いかけ、関係性を読み解きながら本質を探っていくためには、対象への好奇心が必要です。

⚠ 探究を邪魔する魔物

こ手さき

【Kotesaki】

こ手さきは、「こんな感じでしょ?」「前はこうだったよ?」と軽い気持ちで、適当に結果を持ち帰らせようとする魔物です。付箋が大好きで、たくさん並べています。

やったつもり、考えたつもり、探究できたつもりにさせてきます。

こ手さきについていってしまうと、いつまでたっても納得のいく結果にたどり着けないので気をつけて!

孤独な探究の旅の中でも、焦らずに自分の手で探究していきましょう。

紙とペンだけじゃない! ビジュアル思考の道具たち

昨今ではさまざまなアプリケーションが開発され、パソコンやスマホでも紙とペンを使ったときと同じように描けるようになってきました。ビジュアル思考を実践している人の中には、タブレット端末を活用する人が増えてきています。とくに、Apple の iPad は、専用のペンを使うことで紙のような描き心地で繊細な線が引けるうえに、たくさんの機能が使えてとても便利です。

紙とタブレット端末の使い分け方

描く人によって描きやすさの違いはもちろんあると思いますが、ビジネスシーンでは周りへの影響に大きな違いが現れるため、状況に合わせて紙とタブレット端末を使い分ける必要があります。

　たとえば座談会やイベントなどで一人が描いて多くの人に共有する場合では、紙を使うと描いている人の行動が見やすくなり、タブレット端末を使うと描か

れた内容が見やすくなります。取り組みを見せたいか、内容を見せたいかで使い分けできます。

会議やワークショップなどで参加者全員で同じ紙を見ながら描き出す場合では、紙を使うと全員で描きこむ体制がつくりやすくなり、タブレット端末を使うと情報の共有がしやすくなります。チームでつくる過程を大事にするか、アウトプットを大事にするかで使い分けできます。目的を確認し、より効果的な道具を選びましょう。

特性と期待できる効果

紙を使う場合	タブレット端末を使う場合
● 描いている人の動きを捉えやすい ● 描いたものをどこへでも掲示できる ● 描いたものを近くでゆっくり見れるので、コミュニケーションがおきやすい ● 誰でも使える道具なので参加型で行いやすい ● 特定の人と深く考える場をつくりやすい	● 全員で同じものを見る状況がつくりやすい ● 拡大縮小、移動、切替をしながら、情報を変えて掲示できる ● 画像にして展開しやすいので、情報をいち早く広めたり拡散しやすい ● 写真や図形、グラフを活用しやすく、高度な表現が行いやすい ● 多くの人と大事なことを考える場をつくりやすい

オンライン会議でも効果的なビジュアル思考

オンライン会議では、タブレット端末を接続して同じ画面を見えるようにする方法はもちろん、紙で描いたものを写真で撮った画像を共有するだけでも、視覚的に情報を補足できます。

オンライン会議では、互いの状況がわかりにくかったり、話の流れが見えにくかったりする課題がつきものです。その中でビジュアル思考を活用していくことは、互いのことを見えるようにし、話し合いをサポートしてくれます。離れて仕事をする場合にこそ、ビジュアル思考で「見える・わかる情報共有」が必要になってきているのかもしれません。

空想の丘

形づくれば理想の姿が現れる

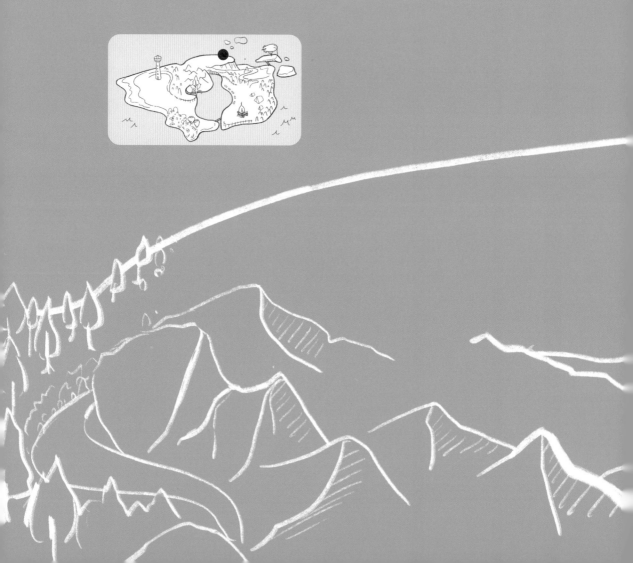

ビジュアル思考大全

空想とはどういうこと？

おもしろいことを考えたいのに、「これだ！」というアイデアがなかなか思いつかなかったり、「おもしろいことを思いついた！」と思っても、まわりにうまく伝わらずに困ったことはありませんか？

アイデアは頭の中で生まれますが、形にしなければどんどん色あせ、やがて姿を消してしまいます。

そんなときこそ、思いっきり空想してみましょう。

空想とは、**実在しないことや場面を思い浮かべ、気ままに像をつくりだすこと**です。

空想できると、ひらめきがアイデアとなり理想の姿が見えてきます。雲をつかむような話にも具体性が生まれていくのです。

まるで雲を手でさわりながら形をつくるように、楽しみつつ自分を表現しながら発想を実体化していきましょう。

空想してみたら？

127

どうすれば空想できる?

空想の極意は「場面」や「像」をイメージすることです。

どんなときに、どんな場所で、どんな人が、どういう状況になっているのかが「場面」。
どんな形で、何色で、どのくらいの大きさであるのかが「像」です。
これらの**実在しない「場面」や「像」を思い浮かべ、具体化する空想のビジュアル思考**が力を発揮します。

頭の中のイメージは人によって異なります。描き出してすり合わせながら、形を見出していきましょう。

空想するって
こんな感じかな

空想するための5つのアプローチ

絵でアイデアをメモする

- サービス企画や商品企画で
- 課題解決策のアイデア出しで
- パーティの催しものの企てに

▶ Wowメモ／P130　　▶ 変化メモ／P131

当事者の目線で体験を物語る

- 動画のシナリオづくりで
- UXデザインの利用シナリオづくりで
- お客様目線での対応手順の確認に

▶ 空想紙芝居／P132

1枚の絵をチームで描きあげる

- 未来の生活を考えるとき
- 1年後の自分たちの活動を考えるとき
- マスコットキャラクターを考えるとき

▶ 交換スケッチ／P134

まわりのものを生き物に見立てる

- 創造力を高める研修として
- 頭の体操として
- 子どもと遊ぶとき

▶ 目玉劇場／P136

アイデアを生活空間に貼り出す

- デザインのブラッシュアップしたいとき
- デザインを選定するとき
- 子どもと遊ぶとき

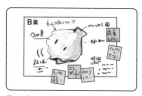

▶ ギャラリーポスティング／P138

METHOD 絵でアイデアをメモする

Wow メモ

- ⏱ 1 ～ 5 分程度 × 何回も
- 👤 1人(数人がそれぞれに描く)
- ✏️ 大きめの付箋や A5 サイズの紙
- ℹ️ 1人ずつ何枚も書く
- 📁 テンプレート有

Wow メモは、ひらめいたアイデアを体験者が喜んでいる状態をイメージして描く方法です。体験する人の喜ぶ顔と喜びの声を描いて気持ちをとらえることで、感動するポイントを明確にしながら共感してもらいやすいメモをとることができます。

描き方の手順

❶ アイデアのテーマを設定する

明確なアイデア出しのテーマを設定します。「お客さんに喜んでもらえる接客方法とは?」「5年後の農村生活とは?」などです。

❷ 体験する人の顔と気持ちを描く

そのアイデアを体験する人の気持ちを想像し、そのときの顔を描きます。もっとも喜んでいるときの一声をセリフ調で書き入れます。

❸ アイデアの特徴を3つ書く

体験者の反応から発想したアイデアの特徴を箇条書きで3つ書きます。

❹ アイデアにタイトルをつける

アイデアがどんなものなのかがパッと見てわかるように、タイトルを書きます。簡潔で覚えやすい表現にしましょう。

 コツ **喜ぶ人の顔をイメージしながら表情にこだわる**

METHOD 絵でアイデアをメモする

変化メモ

- ⏱ 1〜5分程度×何回も
- 👤 1人（数人がそれぞれに描く）
- 📝 大きめの付箋やA5サイズの紙
- ℹ 1人ずつ何枚も書く
- 📁 テンプレート有

変化メモは、アイデアがあることでどんな変化が起きるのか、その前後を描く方法です。

矢印を用いて対比して描くことで、価値をより明確に表現できます。

描き方の手順

❶ アイデアのテーマを設定する

最初に明確なアイデア出しのテーマを設定します。たとえば「気持ちよく早起きするには？」「オンラインイベントを盛り上げるためには？」などです。

❷ 大きく変化がありそうな場面を想像する

アイデアがあることで、もっとも影響がありそうな場面を探します。何かが起こる前と起きた後の2つの時点をイメージしましょう。

❸ 左右にビフォー・アフターを描く

絵の左側に何かが起きる前の状態、右側に起きた後の状態を描きます。左から右に向けて矢印も描きます。

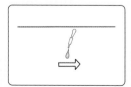

❹ アイデアにタイトルをつける

アイデアがどんなものなのかがパッと見てわかるように、タイトルを書きます。簡潔で覚えやすい表現にしましょう。

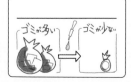

 コツ　**変化するために何が必要なのかも考える**

空想紙芝居

⏱ 30分〜2時間程度

👤 1〜6人程度

✏️ 付箋／A3用紙 or 四切画用紙12枚程度／色ペン

ℹ️ 付箋で流れを検討し紙芝居のように描く

空想紙芝居は、商品やサービスの利用体験を12枚程度の紙芝居で表す方法です。体験する人の目線で展開される物語をつくります。困りごとややってみたいことを話す場面から始め、最後はハッピーエンドになるように物語を構成します。紙芝居の絵の部分には簡単な人物とセリフを入れて表現します。

体験する人の気持ちに寄り添って物語を考えることができるので、体験者に喜ばれるサービスを創造することができます。

❶ 表現したい体験を設定する

空想紙芝居で表現する体験を決めます。すでに表現したいアイデアがない場合には、「ここで何を改善したいのか」「何を表現したいのか」を考えましょう。

❷ 物語の構成を検討する

1枚目にはタイトル、2枚目には登場人物の設定を書き、3枚目から12枚目の10枚で物語を展開します。3枚目は困りごとややってみたいことを話す場面から始めるとわかりやすく仕上げることができます。最後はハッピーエンドになるように考えます。絵を描きながら変わることもあるので、細かく設定しすぎないことがポイントです。付箋を使うと検討しやすくなります。

❸ 主人公の人物像を描く

2枚目に物語の主人公を描きます。人型の絵と文字で人物像を表しましょう。人型は「豆人間」（CHAPTER 1）のように最小限の表現で大丈夫です。文字の部分には、名前、年齢、職業、性格など物語に関係する情報を簡潔に書きましょう。

❹ 絵を描きながら物語を完成させる

3枚目から12枚目までを絵で表現し、物語を完成させていきます。色づけも忘れずに。人型に語らせるようにセリフも加えます。
絵で表現すると新しいアイデアが生まれたり、修正が必要になることもあるので、どんどんブラッシュアップしていきましょう。

❺ タイトルをつけて発表する

最後に物語のタイトルをつけたら空想紙芝居の完成です。早速、発表してみましょう。演じるようなつもりで読み上げると、物語のよさに共感してもらいやすくなります。

 コツ　気持ちに注目し盛り上げる場面を意識してつくる

交換スケッチ

⏱ 30分〜1時間程度

👤 3〜6人

✏ 1枚の白紙／カラーペン6色

ℹ 紙をまわしながら描く

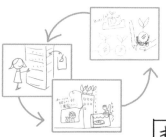

交換スケッチは、グループの一人ひとりが順に線を描き足しながら1枚のアイデアを発想する方法です。メンバー全員に1枚ずつ紙を配布し、前の人が描いた線を次の人が生かして描き加えていくことで、個々人の想像を越えたものができあがります。偶発的にできあがる形に刺激を受けながら、複数のアイデアを同時に積み上げていくことができます。

※交換スケッチは、2012年に福田大年氏が考案した「くるくるスケッチ」を原型として展開されたメソッドです。

❶ アイデア出しのテーマを設定する

これから考えていくテーマを設定します。何を描いてもOKと思えるような正解のない問いをテーマに掲げましょう。たとえば「未来の農村生活とは？」「忘れられないプレゼンテーションの方法とは？」「私たちのマスコットキャラクターとは？」といったものです。

❷ 1人目が描く

全員がそれぞれ紙を1枚手もとに用意し、テーマに対してイメージしたものを描きます。線を1本引くだけでも大丈夫です。制限時間を決めて、その中で描けるものを描きましょう（1〜3分間で設定すると効果的です）。

❸ 紙をまわして2人目以降が順に描く

1人のもち時間が経てば、描いた紙を時計回りにまわします。前の人が描いたものを生かしながら、その上に線をのせて描いていきます。制限時間も設けてください（2〜3分間で設定すると効果的です）。
以降は同様にまわしていきます。

❹ 最後の人が仕上げる

最後の人に紙がまわってきたら、少し時間をとって絵を仕上げます。

❺ スケッチを見せて説明する

最後の人が描いたスケッチを見せて説明します。何が描かれているのかわからないものは推測しながら説明してください。その推測を楽しむように、まわりの人も耳を傾けましょう。参加者全員がそれぞれ手もとに完成したスケッチを発表していきます。

 コツ　　**人の絵の上に新しい絵をのせて、偶然を楽しむ**

目玉劇場

⏱ 30分程度

👥 2人〜

✏ 白い紙／ペン／はさみ／テープ

ℹ ものをもち歩きながら考える

🗂 テンプレート有

目玉劇場は、紙に描いた目玉を切り取ってものに貼り付け、そのものが生きている世界を空想する方法です。「どんな場所で、どんな動きをするのか？」「どんな性格で、どんなことを考えているのか？」など具体的に考えていきます。ものが生かされる環境や文脈を見つけるためには、ものの形や機能をよく観察する必要があります。一見簡単な遊びのようにも見えますが、想像力や観察力を鍛えるトレーニングとしても効果的です。

描き方の手順

❶ 目玉をつくる
紙に目玉を描き、切り取ります。目玉の大きさや表情は自由です。付箋を使うと便利です。

❷ いろんなものに目玉を貼って眺める
身のまわりのいろんなものに目玉を貼ってみます。目玉を貼ってみると、不思議と生きているように見えてきます。その感覚を楽しみながらしばらく眺めてみましょう。

❸ 「生きているなら?」 動かしながら考える
目玉を貼ったものの中から1つ選び、「どんな場所で生きているのか?」「どんな歩き方、動き方をするのか?」を具体的に考えます。ものを手でもって実際に動かしていると生き物のように思えてきます。

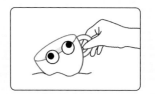

❹ 生き物の生活環境を妄想する
「どんな性格?」「家族は?」「友達は?」「栄養源は?」などものの生活環境を妄想していきます。現実には起こらないことですが、根拠のある説明ができるように思い巡らします。

❺ 生き物に名前をつける
生き物の個性に合った名前をつけましょう。

❻ 生き物の生態を発表する
ここまで考えてきた生き物の物語を発表します。実際の動きを再現しながら説明していきましょう。

 空想に根拠をつければ説得力のある物語になる

ギャラリーポスティング

- 🕐 1日〜2週間程度
- 👤 1〜6人程度
- 📝 アイデアシート／付箋
- ℹ️ 見られるタイミングで

ギャラリーポスティングは、空想したアイデアのスケッチを人目につきやすい場所に掲示し、時間をかけて確認したり、他人からコメントをもらう方法です。コメントは付箋に書いて貼ってもらいます。ことあるごとに人目につくようにアイデアを壁やドアなどに貼り付けます。机上で考えていたこととは違う側面から見ることができるので、新しいアイデアが生まれたり、アイデアの欠点が見えてきます。

描き方の手順

❶ アイデアから有望なものを選ぶ

絵でスケッチしたり、試作品をつくったアイデアの中から有望なものを選んで出びます。

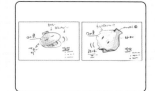

❷ 目に触れる場所に貼る

アイデアのスケッチを人目につきやすい場所に掲示します。普段人がよく通る廊下の壁や階段のおどり場、ドアなどに貼り付けて、ことあるごとに見てもらえるように工夫します。

❸ 時間をかけてコメントを書き込む

アイデアが提示された場所を通るたびに良い部分、悪い部分を見つけます。その都度、付箋にコメントを書き入れていきます。チームメンバーにも同じようにコメントを書き入れてもらうようにお願いするとよいでしょう。

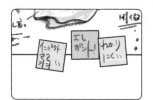

❹ コメントを見ながらアイデアを更新し続ける

十分にコメントが集まったら、それらの中から良い部分、悪い部分を参考にアイデアを選考し、ブラッシュアップしていきます。

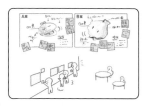

〔オンラインでやる場合〕
テレワークが中心の場合には、オンラインのホワイトボードや掲示板などを利用してアイデアを見られるようにします。

コツ
日常で目の触れる場所に空想したものを登場させる

空想するときのポイント

ラフに素早く描く

空想力を刺激するためには、素早くラフに描くことが効果的です。精細にきれいな絵を描こうとすると、空想する気持ちよりも表現することにとらわれてしまいます。太いペンを使い、大雑把に描いていきましょう。

特徴がわかるように描き方を変える

アイデアやひらめきには、さまざまな形があります。それらの特徴をとらえていくためには、視点やスケールを切り替えて、表現しやすい描き方を選択することが効果的です。体験を描く、変化を描く、効果を描く、物の形を描くなどさまざまな表現を試してみましょう。

貼り出してさまざまな状況で見る

空想の質を高めていくためには、勢いで発想したものが日常生活の中でどのように見えるのかを検証するために、壁やみんなが目にする通り道に貼り出して見えるようにすることが効果的です。さまざまなアイデアを比較しながら、よりよいものを選び取っていきましょう。

空想のしくみ

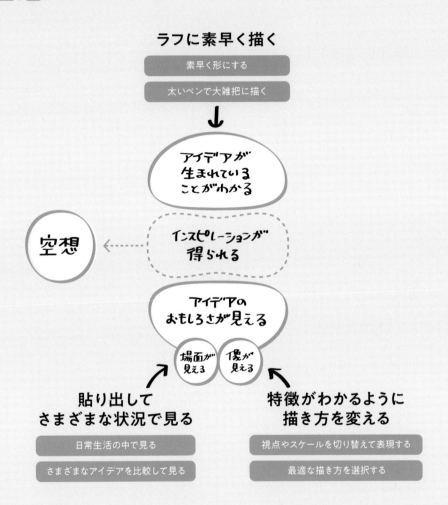

ラフに素早く描く

素早く形にする

太いペンで大雑把に描く

アイデアが
生まれている
ことがわかる

空想

インスピレーションが
得られる

アイデアの
おもしろさが見える

場面が
見える

像が
見える

**貼り出して
さまざまな状況で見る**

日常生活の中で見る

さまざまなアイデアを比較して見る

**特徴がわかるように
描き方を変える**

視点やスケールを切り替えて表現する

最適な描き方を選択する

次々に生み出されるアイデアを効果的にビジュアルに落とし込んでいくことで、空想は飛躍的に前進します。それは、「アイデアが生まれていることがわかる」ことと同時に、「アイデアのおもしろさが見える」からです。こうすることで、インスピレーションが得られる状況をつくりあげていくことができます。

こんな気持ちで空想してみよう！

無邪気に楽しむ

多くの人は、子どものときに自然と空想していたと思います。しかし大人になるにつれて「それは意味があるのか？」「不可能なことは考えるだけ無駄なのでは？」と思ってしまいがちです。空想では、「正しさ」や「効率」は忘れ、無邪気に楽しむことを意識しましょう。

粘りづよく考え続ける

楽しんでラフに描くことが大切な空想ですが、何でもよいと投げやりになってしまってはいけません。空想するときこそ、じっくりと「自分がおもしろいと思えるかどうか」と問いかけながら、粘りづよく考えていく必要があります。

⚠ 空想を邪魔する魔物

けっぺ菌
【Keppekin】

けっぺ菌は、空想しているとき、ふわふわとしている状態にしびれを切らして、潔癖に整理整頓しようとする魔物です。「これはイマイチだから端に寄せておこう」「よくわからないものはいらないよ」などといって、アイデアの種を潰してしまいます。

考えが甘かったり、発想の途上で考えが散らかってしまっても気にせずに、おもしろいところを見つけて空想にふけっていきましょう。

形にしたら
理想の姿が
見えてきた

構想の飛行船

ビジョンを描けばルートは拓ける

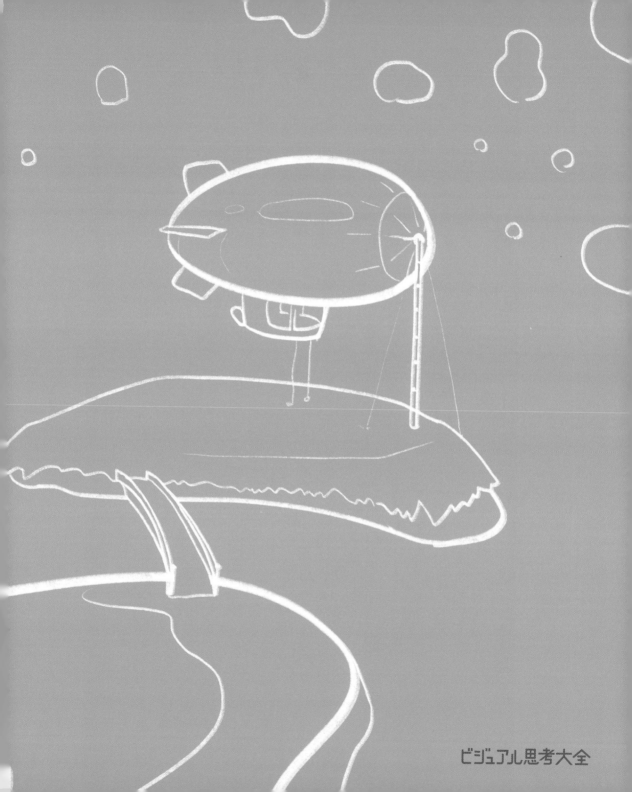

ビジュアル思考大全

構想とはどういうこと?

新しい活動を始めるとき何から手をつければいいのか、どうやってみんなの意見をまとめていけばいいのかわからず、立ち止まってしまうことはありませんか?
やることが決まった後もうまく情報をまとめられずに、困ってしまったことがあるかもしれません。

未来をつくる活動は、0から1をつくるようなもの。たくさんのパワーと明確なビジョンが必要です。

そんなときこそ、構想に取り組むタイミングです。

構想とは、**目指すことを明確にし、それを実現するための方法を考え組み立てること**です。取り組みたい課題や目標を設定し、誰とどんな風に進めていくのかを考えることで、実行に移す準備をします。
まるで旅に出るときに目的地を決めて、そこに行くための乗り物を選んだり、ルートを設定したりするような活動をします。

ここまで紹介してきたさまざまなビジュアル思考をフル活用して、飛行船を飛ばしていくように構想しましょう。

どうすれば構想できる？

構想を進めていくためには、**「目標となるもの」**と**「目標を実現するための方法」**の**両方をとらえる**必要があります。やっかいなことに「目標となるもの」は千差万別。状況や環境によっても、考える人によっても、タイミングによっても、変わってきます。

その中で最適な目標を選び取っていくためには、周囲の状況を俯瞰し、自分の想いを内省し、未来のことを空想している必要があります。日頃から考えていないと簡単にはいかないかもしれません。

だからこそ構想のビジュアル思考では、小さなひらめきから描き出して、いろんな人の意見も描き出して、常にブラッシュアップしていけるような体制で臨むことが有効です。

構想するための5つのアプローチ

目標を定めてルートを描く

`個人の年始の目標設定` `プロジェクトの達成目標を共有するとき`
`目標を宣言したいとき`

▶ ビジョンブリッジ／P150

組織を船にたとえて
存在意義と行き先を描く

`組織のビジョン、ミッション策定` `コミュニティのキックオフ`
`プロジェクトの目的共有`

▶ パーパスシップ／P152

ターゲットと提供価値の
つなげ方を考える

`新規事業を構想するとき` `販売促進を構想するとき`
`デザインをはじめるとき`

▶ 体験のコンセプト／P154

プロジェクトの概要を
紙1枚にまとめる

`仕事を依頼されたとき` `プロジェクトのキックオフ`
`頼まれごとをしたとき`

▶ プロジェクトボール／P156

ゴールの達成に必要な
役割を整理する

`プロジェクト企画を構想するとき` `課題を解決したいと思ったタイミングで`
`関係者が多いプロジェクトが始まるタイミングで`

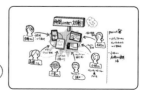

▶ みんなの大作戦／P158

ビジョンブリッジ

- 🕐 15分～1時間程度
- 👤 1人～20人
- ✏️ 1枚の白紙／カラーペン
- ℹ️ 1人1枚 or チームで1枚
- 📁 テンプレート有

ビジョンブリッジは、目標とそこにたどり着くまでの道筋を描く方法です。左下にいる自分が右上にある島にどのようにたどり着くのかを旅路にたとえて表現します。目標が見えない場合や、複数の人が同じ目標を目指す場合にも有効な方法です。自分の目標を明確にできるだけでなく、チームと共有しやすくなります。

描き方の手順

❶ テーマを書く

左上にテーマを書きます。「今年の目標」「今期に成し遂げたいこと」など考える内容を設定してください。テーマを目立たせるために、リボンや看板の形で囲みましょう。

❷ 自分を描く

左下に横向きの自分を描きます。横向きが難しければ、「豆人間」（CHAPTER 1）のようなものでも大丈夫です。メガネをかけたり、いま着ている服の色を塗ったりしてみましょう。そうすることで、これが自分であると認識できます。

❸ 目標を描く

右上に島を描き目標を文字で書き入れましょう。「体重−5kg！」「視聴者数１万人突破！」など、数字を入れてみるとより具体的になります。目標が目立つように、島に色を塗るとよいでしょう。

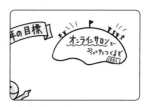

❹ 目標までの橋とポイントを描く

自分の足元から島のある場所までを橋でつなぎます。目標を達成するためにクリアしていきたいことをふきだしのようにして描き入れます。たとえばダイエットの目標だったら、「ジョギングシューズを買う」「ジョギングを始める」といった要領です。

❺ 大事にしたいことを洗い出す

自分がこれから橋を渡っていくときに課題となることや大事にしたいこと、注意したいことを右下に書き出しておきましょう。事前に把握するだけで対処しやすくなります。

 （コツ）　**自分を登場させて描くと愛着が湧き、目標へ入魂できる**

パーパスシップ

⏱ 3時間〜1か月

👥 チームごと／組織ごと

✏ 1枚の白紙／カラーペン

ℹ 少しずつ改訂して完成させる

パーパスシップは、組織の存在意義と組織が向かっている目的地を描くことができる方法です。組織を船にたとえ、帆に船の存在意義を、船の先の島に目的地となる未来の社会像を描きます。船の乗組員となる組織の構成員（会社の社員など）は、自分がどの船に乗り込んでどこに向かっているのかを把握したり、乗り込む船を選んだりすることができるようになります。同じ目的をもった組織同士も協働しやすくなります。

描き方の手順

❶ 船を描く

中央左寄りに、大きく帆船を描きます。組織を象徴する船です。船の側面に組織名を書き入れます。組織が得意としていること（技術、ソリューションなど）を船の近くにロープでつなぎます。

❷ 島とその特徴を描く

右上に島を描きます。組織が実現したい社会像を象徴する世界を表します。島の上に実現したい社会像を文字で明確に書き出しましょう。

島の周囲には、世界の具体的な案をキーワードで書き出していきます。丸で囲むなどして絵になじませます。

❸ 乗組員と個人の想いを描く

船の中に乗組員を描きます。組織の構成員を象徴する人です。シルエットだけで大丈夫です。この人々がどんな想いで組織に属しているのかをふきだしで書き出します。

❹ 帆に存在意義を書く

組織が「何を実現しようとしているのか」を、船の帆に書き入れます。組織のもっているポリシーやこれまでの歴史を大事にしながら、自分たちのアイデンティティを探して最適な言葉を選んでください。

❺ 全体のつじつまが合うように調整する

島に描かれた「社会像」、乗組員の「想い」、船の帆に掲げている「存在意義」、これらの要素が強い結びつきをつくるように、それぞれの言葉を調整していきます。

※②〜④はどの順番で進めても構いません

 コツ　　**誇りのもてる目的を探して掲げる**

ターゲットと提供価値のつなげ方を考える

体験のコンセプト

- ⏱ 30分〜3時間程度
- 👥 1〜20人
- ✍ 1枚フォーマット
- ⓘ 何度も改訂して納得のいくものを探る
- 📄 テンプレート有

体験のコンセプトは、事業や商品・サービスを構想するときなど、あらゆるビジネスシーンで万能に使える手法です。価値、ターゲット、提供していく手段を書き出します。価値には嬉しいと感じてもらえる本質的なことを、ターゲットには価値をもっとも感じてもらいやすい顧客や生活者の属性を書きます。そして、ターゲットに価値を提供するための体験の方法を考えます。売るものが決まっていなかったり、市場がどこにあるのかわからなかったりする激動の現代において、1つの羅針盤になるでしょう。

❶ テーマを設定する

構想するテーマを書き出します。たとえば「新ヘルスケアサービス」「住民参加型イベント」「ノウハウ本」といったように文字で書きましょう。

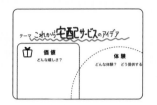

❷ 価値とターゲットに関する情報を把握する

テーマについて具体的に構想するにあたり、「どんな人に、どんな嬉しさを提供するのか？」を考えます。これまでに知りえた情報や感じていることを確認し、把握しましょう。

❸ 価値を書き入れる

提供したい商品やコンテンツが決まっている場合には、そのものがもつ価値を書き入れます。スペックや技法ではなく、体験者が感じる嬉しさを考え、箇条書きで簡潔に表現します。

❹ ターゲットを書き入れる

顧客や市場が決まっている場合には、それがどのような人なのかを書き入れます。年代・性別のようなものでなく、生活様式や嗜好性などに注目して考え、箇条書きで簡潔に表現します。

❺ 体験の方法を書き入れる

価値とターゲットの項目が書けたら「これらの人にこの嬉しさを届けるにはどうすればよいか？」を考えます。ここではとくに体験に着目します。どんな場所で、どのようなものを使い、どんな順番で、何を体験してもらうのか？　具体的な体験の場面を思い描いていきましょう。

※❸〜❹はどの順番で進めても構いません

 コツ　**何度も書き直して最高の組合せをつくる**

プロジェクトボール

- ⏱ 30分〜1時間程度
- 👥 1〜8人程度
- ✍ 1枚のフォーマット
- ℹ 1人1枚 or チームで1枚
- 🗂 テンプレート有

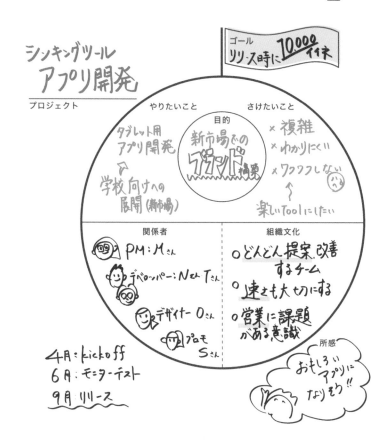

プロジェクトボールは、プロジェクトに必要な情報を1枚にまとめながら、構想をの実現をサポートするための方法です。大事な情報をすべて書き込むことができるので、仕事を誰かにお願いするときや誰かから仕事を受けるときに伝え忘れや確認もれを防ぐことができます。チームでゴールの認識を合わせるときにも効果的です。

❶ テンプレートを用意する

プロジェクトボールのテンプレートをコピーしたり描き写すなどして用意しておきます。プロジェクトが始まるタイミングや互いのやることを確認する会議などで使います。

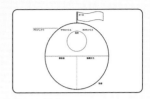

❷ やることと目的を書く

やること（活動内容）と目的を要約しながらメモしましょう。やることは、箇条書きで要点のみを書くと短くできます。

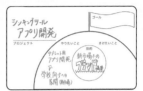

❸ 関係者のことと組織のことを書く

プロジェクトを誰とやり、どんな人たちが協力してくれるのかを左側の欄に書きます。プロジェクトの中心となっている組織が考えている理想の姿や障害となることを右側の欄に書きます。徐々に自分の立ち位置が見えてくるでしょう。

❹ 避けたいことを確認して書く

プロジェクトの全体像が見えてきたところで「これだけは避けたいこと」「失敗だと思う場面」を確認しておきます。小さな誤解を正すことができます。

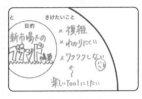

❺ ゴールを明確にする

最後に「仕事を終えたときにどうなっていたらよいか？」を明確にし、上のゴールの欄に簡潔に書き込みます。目的とは別に、より具体的な達成目標を書くのがポイントです。

❻ 所感を添える

会議終了後にプロジェクト全体を見渡し、自分が感じたことや一個人の意見を書き留めておきましょう。

 コツ **うまく書けないことがあれば確認するチャンス**

みんなの大作戦

🕐 30分～2時間程度

👤 1～10人

✏️ 1枚の白紙／色ペン

ℹ️ チームで1枚

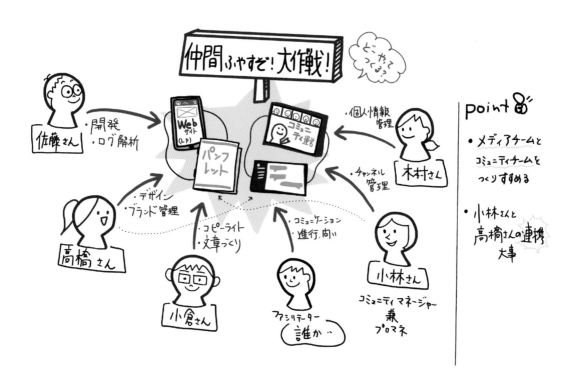

みんなの大作戦は、プロジェクトの重要なゴールを明確にし、プロジェクトを遂行していくためのパートナーと役割分担を一覧できる方法です。プロジェクトのゴールを、立て看板とそれを象徴するものの絵で表し、ゴールに関係者が注目しているように描きます。関係者は人型で表し、パートナーの役割と活動を書き出します。それぞれの役割が一覧できるうえに協力体制が視覚化され、プロジェクトが成功していくイメージをもつことができます。

❶ ゴールを描く

真ん中に自分たちが成し遂げたいゴールを描きます。立て看板と
ゴールを象徴するようなアイテムを絵で表します。ゴールが達成さ
れたときのことを想像し、色などもつけましょう。

❷ ゴール達成に必要な役割と人型を描く

ゴールを成し遂げるために必要なや役割を人型と一緒に描きます。
「どんな能力をもっている人が必要か？」「どんな立場で関われる人
が必要か？」を考えます。自分たちの組織内だけでなく、外部の人
たちにも目を向け、理想的なチームを描きます。

❸ 役割別に主な活動を書く

それぞれの人型が、ゴール達成に向けて行う活動を箇条書きします。
各役割の違いをわかりやすくしたいため、それぞれの役割を代表す
るような活動を書きましょう。

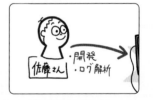

❹ ゴールが達成できるかを検討する

ゴールと人の関係、人と人の関係を矢印でつなぎながら、うまくゴー
ルを達成できるのかを考えます。ここで不足している役割があれば
追加しましょう。

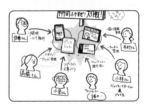

❺ 戦略のポイントをまとめる

この"大作戦"が成功するために欠かせないポイントはどこにある
かを考えるために全体を見渡し、ポイントを箇条書きします。

 コツ **必ず成し遂げるという強い意思をもってゴールを描く**

構想するときのポイント

必要な要素をすべて書き出す

構想するために必要な要素はすぐには見つかりません。書き出しながら適任者にヒアリングしたり、対話したりしながらあぶり出します。「いまどのような状況になっているのか?」「目指すべきものは何か?」「そのためにやるべきことは何か?」と丁寧にとらえていきましょう。

全体像を1枚絵に構成する

構想をしていくと、多くの要素が出てきます。それらの要素を組み立てていかなくてはいけません。そのときに、全体でのバランスを考え1枚の絵にまとめましょう。複雑な要素をまとめるときには、自然界の要素（海、山、街など）を背景に設定して描くとまとまりやすくなります。

構想の1枚絵を大勢で共有する

構想したことは、議論し、検証し、試作しながらブラッシュアップをしていくものです。一度で完成させようとせずに、何度も更新していく前提で取り組みます。きれいな絵を描くことを目的とせずに、手描きでラフに描きましょう。

構想のしくみ

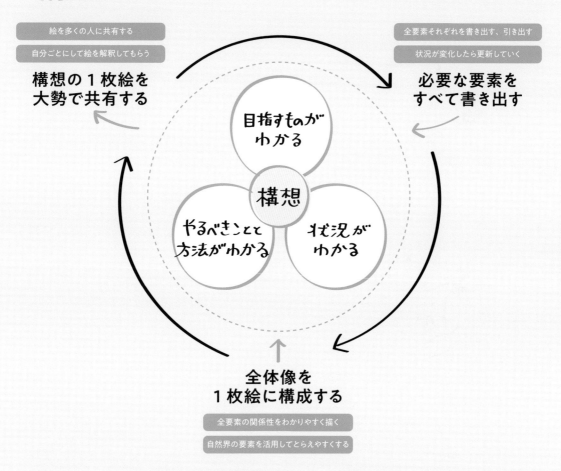

絵を多くの人に共有する

自分ごとにして絵を解釈してもらう

**構想の1枚絵を
大勢で共有する**

全要素それぞれを書き出す、引き出す

状況が変化したら更新していく

**必要な要素を
すべて書き出す**

目指すものが
わかる

構想

やるべきことと
方法がわかる

状況が
わかる

**全体像を
1枚絵に構成する**

全要素の関係性をわかりやすく描く

自然界の要素を活用してとらえやすくする

構想を成立させるためには、3つの要素が必要です。「目指すもの」「状況」「やるべき
こと」です。これらを段階的にわかるようにしていくプロセスを、ビジュアル思考で
促進していくことができます。まずは、この3つの「要素をすべて書き出す」こと。
そして、その要素を用いて「全体像を1枚絵に構成」していきます。さらに、「構想
の1枚絵を大勢で共有」していくことで、構想を促進させることができます。

こんな気持ちで構想してみよう！

違和感がないか？気持ちも大切にする

構想には、個人とはかけ離れたもの、きれいに描かれたものといったイメージがあります。しかし、構想を実行するのは生身の人間であり、働きかける対象は本音と建前が錯綜する実社会です。大きな構想でも一個人として、違和感がないかを感じ取ることが大切です。

自慢したくなるものをつくる

構想することで、世の中になかったものを生み出すことができます。どうせなら考えたことを誇りに思って、自慢できるような宝物をつくるつもりで取り組みましょう。考えた人が誇りをもって取り組めば、その熱意はプロジェクト全体に伝播します。

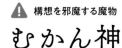 構想を邪魔する魔物

むかん神

【Mukan-shin】

むかん神は、未来のことを考えるのは好きだけど、自分では行動したくないと思っている魔物です。「他の人がやってくれるはず」「いつかやればいい」と囁いてきます。

自分で行動しない人と一緒に旅をしてみたいと思う人がいるでしょうか。自分の気持ちに興味をもち、社会のことに興味をもち、自分の体で旅する気持ちで構想しましょう。

ビジョンを描いたらルートが拓けた

ビジュアル思考を
ビジネスシーンで取り入れるには?

多くの人が困っている会議こそ

「会議で困っていることはありますか?」と、ビジネスパーソンに問いかけると、山のように答えが返ってきます。「何度も同じことを話している気がする」「誰がどんな役割で話しているのかわからない」「たくさん意見が出すぎてまとめるのに時間がかかる」などなど……。仕事の進め方よりも、コミュニケーションに関する問題が本当に多いのです。そして、どれもビジュアル思考を試してみれば解決される問題ばかり。

仕事には高度なコミュニケーションが必要です。その最たる場である会議でこそ、ビジュアル思考は効果を発揮します。気負わずに、自分のノートやホワイトボードから始めてみましょう。

「絵を描く」ではなく「視覚的言語を使う」と考える

ビジュアル思考は、始めるまでが一番難しいかもしれません。なぜなら、参考事例を調べてみるときれいに仕上げられた絵ばかり。それを見て、「私は絵心がないから」「人さまに見せられるものじゃないから」と、手を出せなくなってしまう傾向にあります。

しかし、ビジュアル思考は完成された絵を描く方法ではありません。CHAPTER 1 で紹介したらくがきに代表されるように、線や記号から始められるものがあります。まずは、見える形を描き出してコミュニケーションしてい

く、つまり「視覚的言語を使う」という意識で始めていくとよいかもしれません。そして、文字の方が扱いやすければ、文字もどんどん使いましょう。文字よりも速く描けるのであれば絵で描き、文字よりもわかりやすいのであれば図を描けばよい。そんな気軽な気持ちで始めてみてはいかがでしょうか。

ビジネスシーンで取り入れるときに注意したい３つのポイント

1. 事前にかかわり方を決める

メソッドによっては参加できる人数、使う道具、描くタイミングが異なります。描くタイミングが違えば、せっかくのビジュアル思考が台無しになってしまうこともあります。慣れるまでは、事前に取り入れる方法やチームとのかかわり方を決めて臨みましょう。

2. 人に見てもらう機会をつくる

恥ずかしいからという理由で、描き出したものをこっそりとしまっていては宝の持ち腐れです。ビジュアル思考は、目に見えるようにしていくことで効果が出る方法です。人目にさらして多くの気づきが生まれるきっかけをつくりましょう。

3. 書き終わった後の活用方法を考える

描き出したものは、次の活動のインプットになります。描くこと、つくることをゴールと考えず、その後にどのように活用するのかを考えましょう。

ビジュアル思考は未知のものをとらえ、
共有できる現代の思考法

これらの図形を、言葉だけで伝えることができますか。

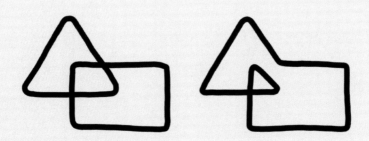

左側の図形は、「三角形に長方形が重なっている形」といえますが、右側はどうでしょう。「三角形に長方形がくっついているようだけど、線はすべてつながっていて……」と、複雑な表現になってしまうはずです。もしかしたら、言葉だけで正確に伝えることはできないかもしれません。

この2つの図から、名前のない異形のものがいかにとらえにくく、伝えにくいのかがわかります。

わかりにくいものや、複雑なものが敬遠され、前例のある定型のものだけが採用されていくようなことはビジネスの現場のみならず、社会のいろいろなところで起こっています。しかし、新しいものや独自性の高いものをとらえられなくては、未来をつくっていくことはできません。

そんなときこそ、「見えるようにすること」が大きなパワーになります。わからないこと、あいまいなもの、複雑な状態、それから感情でさえも、見えるようにする技術があれば、必要以上に不安にならずに、楽しんで取り入れていくことができるかもしれません。

激動する現代社会は、わからないことだらけです。コロナ禍によって多くの人々の生活スタイルが変化し、企業は変化した社会や環境に対応すべく、これまでになかったシステムや方法で新しさを生み出すことが求められています。見えないものやわからないものの実態をとらえながら、進んでいかなければいけません。
こういった状況下だからこそ、未知のものをとらえ、共有していけるビジュアル思考が必要なのです。

ビジュアル思考でこれからの時代を
生き抜く力を手にいれよう！

ビジュアル思考で、さまざまなものを見えるようにして考えていくことは、実に多くの効果をもたらします。

チームがつながる、認識を合わせられる

「らくがき」のように簡単な絵を用いれば、子どもも大人も外国人も一緒に語り合う場をつくることができるようになります。一人ひとりの考えを見えるようにしながら「対話」していけば、認識が合わせやすくなり、共創の環境がつくれます。より複雑で大きな課題に直面したときでも、解決していきやすくなるでしょう。

自分を理解し、成長するきっかけをつかむ

自分の周囲の状況や考えを「内省」で描き出すことで、自分のことを理解していくきっかけをつかめます。自己を深く知り、他者への想像力を養う手助けになるはずです。

課題解決、価値創出の推進力になる

さまざまな課題を見えるようにして「俯瞰」しながら、課題の本質を「探究」できるようになれば、本当に解決すべき課題が明確になっていくでしょう。そして、解決策を「空想」し、よりよいアイデアを「構想」する方法は、価値創出の推進力になってくれるはずです。

ビジュアル思考は、あるときは灯りのように周囲を照らし、またあるときは粘土のように試行錯誤する道具になります。やがて訪れるかもしれない困難を乗り越えていく力にもなるはずです。
複雑で謎だらけの世界を歩いていくために、紙とペンをもって進みましょう。
みなさんの冒険が楽しいものになりますように。

2021 年 1 月

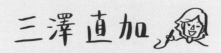

ビジュアル思考を邪魔する魔物たち
THE MONSTERS THAT BLOCK VISUAL THINKING

！しっ鷹
→P42

俯瞰の塔

！やめとけい
→P162

らくがきの道

！ねんのた目
→P64

要約の蜂蜜

！けっぺ菌
→P142

構想の飛行船

空想の丘

！むかん神
→P162

！ダメ～だ
→P102

内省の水面

探究の沼

！ちょっ貝
→P82

！こ手さき
→P120

対話のたき火

169

場面別メソッド索引
METHODS INDEX

● 情報収集・ノート整理

お皿グラレコ
P56

3色読み解き
P110

キーワードハーベスト
P76

ちょこっとスタンプ
P19

豆人間
P18

● 仕事効率化

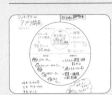
プロジェクトボール
P156

ちょこっとスタンプ
P19

まとめボード
P60

豆人間
P18

キーワードハーベスト
P76

● チームづくり

パーパスシップ
P152

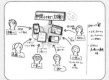
みんなの大作戦
P158

空模様
P20

ドリームプレーン
P78

活動すごろく
P36

● プロジェクトマネジメント

みんなの大作戦
P158

プロジェクトボール
P156

体験のコンセプト
P154

空模様
P20

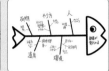
フィッシュボーン
P112

● 研修・人材育成

テーブルクロス
P72

ドリームプレーン
P78

まとめボード
P60

3色読み解き
P110

活動すごろく
P36

● 人生設計・キャリアアップ

ビジョンブリッジ
P150

人生のとびら
P98

変化さがし
P96

物語絵巻
P38

パーパスシップ
P152

● 自己分析・コーチング

変化さがし
P96

フィーリングパターン
P21

カラーダイアリー
P92

人生のとびら
P98

シーンキャプチャ
P54

場面別メソッド索引
METHODS INDEX

● リサーチ・状況分析

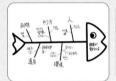

フィッシュボーン
P112

変化さがし
P96

ビッグツリー
P32

役割ドーナツ
P114

人体解剖図
P34

● アイデア発想・企画

Wowメモ
P130

空想紙芝居
P132

テーブルクロス
P72

交換スケッチ
P134

シーンキャプチャ
P54

● クリエイティビティ向上

交換スケッチ
P134

目玉劇場
P136

シーンキャプチャ
P54

360度探索
P94

ギャラリーポスティング
P138

● 広報・PR・情報発信

スピーチサマリー
P52

空想紙芝居
P132

パーパスシップ
P152

シーンキャプチャ
P54

物語絵巻
P38

● 営業・顧客ヒアリング

キーワードハーベスト
P76

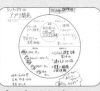

プロジェクトボール
P156

豆人間
P18

変化メモ
P131

スピーチサマリー
P52

● 事業戦略・スタートアップ

パーパスシップ
P152

みんなの大作戦
P158

体験のコンセプト
P154

ビッグツリー
P32

ビジョンブリッジ
P150

会員特典について

●ビジュアル思考メソッドのダウンロード方法
本書で紹介しているビジュアル思考メソッドのうち、テンプレートを用いてご利用いただけるもの（PDF形式）を用意しています。
以下のサイトからダウンロードして入手してください。

https://www.shoeisha.co.jp/book/present/9784798165073

※会員特典データのファイルは圧縮されています。ダウンロードしたファイルをダブルクリックすると、ファイルが解凍され、ご利用いただけるようになります。

●注意
※会員特典データのダウンロードには、SHOEISHA iD（翔泳社が運営する無料の会員制度）への会員登録が必要です。詳しくは、Web サイトをご覧ください。
※会員特典データに関する権利は著者および株式会社翔泳社が所有しています。許可なく配布したり、Webサイトに転載することはできません。
※会員特典データの提供は予告なく終了することがあります。あらかじめご了承ください。

●免責事項
※会員特典データの記載内容は、2020 年12月現在の法令等に基づいています。
※会員特典データに記載されたURL 等は予告なく変更される場合があります。
※会員特典データの提供にあたっては正確な記述につとめましたが、著者や出版社などのいずれも、その内容に対してなんらかの保証をするものではなく、内容やサンプルに基づくいかなる運用結果に関してもいっさいの責任を負いません。

本書に関するお問い合わせ

このたびは翔泳社の書籍をお買い上げいただき、誠にありがとうございます。弊社では、読者の皆様からのお問い合わせに適切に対応させていただくため、以下のガイドラインへのご協力をお願いいたしております。下記項目をお読みいただき、手順に従ってお問い合わせください。

●ご質問される前に

弊社 Web サイトの「正誤表」をご参照ください。これまでに判明した正誤や追加情報を掲載しています。

正誤表：https://www.shoeisha.co.jp/book/errata/

●ご質問方法

弊社 Web サイトの「刊行物 Q&A」をご利用ください。

刊行物 Q&A：https://www.shoeisha.co.jp/book/qa/

インターネットをご利用でない場合は、FAX または郵便にて、下記 " 翔泳社 愛読者サービスセンター " までお問い合わせください。電話でのご質問は、お受けしておりません。

●回答について

回答は、ご質問いただいた手段によってご返事申し上げます。ご質問の内容によっては、回答に数日ないしはそれ以上の期間を要する場合があります。

●ご質問に際してのご注意

本書の対象を超えるもの、記述個所を特定されないもの、また読者固有の環境に起因するご質問等にはお答えできませんので、あらかじめご了承ください。

●郵便物送付先および FAX 番号

送付先住所 〒160-0006 東京都新宿区舟町 5
FAX 番号 03-5362-3818
宛先 （株）翔泳社 愛読者サービスセンター
※本書に記載されたUR 等は予告なく変更される場合があります。
※本書の出版にあたっては正確な記述につとめましたが、著者や出版社などのいずれも、本書の内容に対してなんらかの保証をするものではなく、内容やサンプルに基づくいかなる運用結果に関してもいっさいの責任を負いません。
※本書に記載されている情報は2020年12月執筆時点のものです。

著者紹介

三澤直加（みさわ・なおか）

株式会社グラグリッド 代表／デザイナー／創造性開発研究家

1977年長野県生まれ。2000年金沢美術工芸大学プロダクトデザイン専攻卒業。UXデザイナー、デザインリサーチャーとして、デジタル端末やIT家電などの操作方法を0から構築する業務に多く携わる。2011年、受注型のデザインから共創型のデザインの実現を目指して株式会社グラグリッドを設立。女性の産後リハビリサービス、福島県の復興支援事業、物流サービス、内省サービスなど幅広い分野において、人間中心設計におけるデザイン活動を展開。近年は、デザインのちからを社会へひらいていくために、知識創造の場づくり、創造性開発メソッドの開発、協創コミュニティの企画運営を行い、多くのデザイナーを育成している。共著書に『書いて使う 会議を変えるノート』『マーケティング／商品企画のためのユーザーインタビューの教科書』（共にマイナビ）がある。

イラスト　三澤直加
ブックデザイン・DTP　竹内公啓（https://publixjp.com）
メソッド提供協力　株式会社グラグリッド（https://glagrid.jp）

ビジュアル思考大全
問題解決のアイデアが湧き出る37の技法

2021年2月10日 初版第1刷発行

著者　三澤直加（みさわなおか）
発行人　佐々木 幹夫
発行所　株式会社 翔泳社（https://www.shoeisha.co.jp/）
印刷・製本　株式会社 シナノ
©2021 Naoka Misawa

Printed in Japan